Walter M. Weiss

111 Orte im Ausseerland, die man gesehen haben muss

111

emons:

Bibliographische Informationen der Deutschen Nationalbibliothek
Die Deutsche Nationalbibliothek verzeichnet diese Publikation in der Deutschen Nationalbibliografie; detaillierte bibliografische Daten sind im Internet über http://dnb.d-nb.e abrufbar.

FSC
www.fsc.org
MIX
Papier aus verantwortungsvollen Quellen
FSC® C043106

Gestaltung: Eva Kraskes, nach einem
Konzept von Lübbeke | Naumann | Thoben
Kartografie: altancicek.design, www.altancicek.de
Kartenbasisinformationen aus Openstreetmap,
© OpenStreetMap-Mitwirkende, ODbL
Druck und Bindung: Grafisches Centrum Cuno, Calbe
Printed in Germany 2022
ISBN 978-3-7408-1464-9

Vorwort

»Altaussee ist kein Dorf, sondern eine Krankheit, die man nie mehr loswird!« Was Jakob Wassermann, der zwischen den Weltkriegen meistgelesene Romancier deutscher Zunge, einst augenzwinkernd über seine Wahlheimat schrieb, gilt für das ganze Ausseerland: Wer hier einmal war, träumt von Wiederkehr. Und wer hier oft urlaubt oder gar dauerhaft wohnt, will – ich selbst kann dies aus eigener Erfahrung bestätigen – im Grunde seines Herzens nie mehr weg. Dieser östlichste, steirische Teil der Ferienregion Salzkammergut ist in der Tat ein die Seele speziell wärmender Flecken Erde.

Seine geradezu infektiöse Anziehungskraft rührt zuvorderst von der landschaftlichen Anmut: Grundl-, Toplitz- und Altausseer See bilden mit den sattgrünen Wäldern und Wiesen und den Kalkgipfeln eine unwiderstehliche Synthese aus lieblich und schroff. Die Natur bildet denn auch einen Schwerpunkt dieses Buches in Form von wildromantischen Aussichts- und Kraftplätzen, Quellen, Tümpeln, Höhlen und geheimnisumwitterten Pilgerstätten. Parallel wandelt man lesend auf den Spuren der hier seit vielen Generationen sommerfrischelnden Künstlerprominenz.

Die reiche Geschichte der Gegend ersteht beim Besuch der gotischen Kirchen, Wirts- und Bürgerhäuser der Kurstadt Bad Aussee ebenso wie beim Lokalaugenschein auf verborgenen Römerwegen und Burgruinen, in den Werkstätten von Trachten-, Hut- und Lederhosenmachern oder im zu Hollywood-Ehren gelangten Salzbergwerk. Außerdem begegnet man, unterwegs zwischen den felsigen Wahrzeichen Grimming und Loser, Überraschungen wie etwa einem königlichen Hoftaschenspieler und einem Islandologen, »Püxenschüzen«, »Trommelweibern« und diversen – ja auch, leider – Nazi-Bonzen sowie James Bond, Heinrich Harrer und Conchita Wurst.

Viel Vergnügen beim Erkunden wünscht Ihnen

Walter M. Weiss

111 Orte

1 Der Mittelpunktstein

Am Nabel von Österreich

Die Frage ist eine fürwahr knifflige und kann auf verschiedene Weise beantwortet werden: Wo liegt der geografische Mittelpunkt eines Landes? Er lässt sich zum Beispiel eruieren, indem man jenen Ort, der am weitesten von jedem Punkt der Landesgrenze entfernt liegt, ermittelt. Geometrisch dargestellt, findet sich jener »Pol der Unzugänglichkeit« im Zentrum eines Kreises, dessen Rand die am weitesten in das Staatsgebiet hineinragenden »Zipfel« berührt. Diese Methode wird nur selten angewandt. Häufiger in Gebrauch ist die »Diagonal-Lösung«: Bei ihr werden die in allen vier Himmelrichtungen entlegensten Grenzpunkte durch Linien, die ein Rechteck bilden, verbunden. Im Schnittpunkt seiner Diagonalen verschmelzen die arithmetischen Mittelwerte der beiden äußersten Längen- beziehungsweise Breitengrade. Dieser Mittelpunkt liegt im Raum von St. Gilgen.

Am gängigsten und plausibelsten ist die Methode der Ermittlung des geometrischen Schwerpunkts. Der Methode, diesen mechanisch zu bestimmen, bedienten sich die Bad Ausseer, als die Große Österreich Illustrierte 1949 ein Preisausschreiben zur Ermittlung der Mitte der wieder erstandenen Alpenrepublik veranstaltete. Sie klebten eine Karte des Landes auf eine Sperrholzplatte, sägten sie entlang der Grenzen aus, stellten sie auf eine Nadelspitze und verschoben sie so lange, bis sie exakt im Gleichgewicht war. Schließlich meldeten sie der Zeitung: »Wir sind's!« Das Ergebnis wurde, durch ein universitäres Gutachten bestätigt, noch im Herbst desselben Jahres offiziell gefeiert. 1989, zum 40-jährigen Jubiläum, errichtete die Marktgemeinde im Kurpark den »Mittelpunktstein«. Die auf dem zwei Tonnen schweren, 2,5 Meter hohen Monolith aus Marmor angebrachte Bronzescheibe symbolisiert in Anlehnung an den Omphalos, der im Apollon-Tempel von Delphi den Griechen den »Nabel der Welt« markierte, Österreichs geografisches Zentrum.

Adresse Kurhausplatz/Kurpark, 8990 Bad Aussee-Zentrum; nördliche Breite 47° 36' 06", östliche Länge 13° 47' 34" | **ÖPNV** ÖBB Bad Aussee, Postbus 955, 956, 957 bis Haltestelle Postamt | **Anfahrt** B 145, Abfahrt Bad Aussee-Zentrum, dem Leitsystem zu den Parkplätzen Pratergasse oder Oppauer Platz folgen, von dort zu Fuß bis zum Kurpark, Mittelpunktstein wenige Schritte (süd)östlich des Kurhauses nahe dem Fluss | **Tipp** Direkt neben der Traun, an der Frauengruber-Promenade, kann man auf einem kleinen Kneipp-Pfad beim Kaltwassertreten den eigenen Kreislauf ankurbeln.

2 Die Mercedes-Brücke

Glitzernder Stern über dem Traun-Zusammenfluss

Sie war nicht nur für hiesige Verhältnisse ein gesellschaftliches Großereignis: Als am 23. April 2005 zum Start der steirischen Landesausstellung »Narren und Visionäre« die Enthüllung des künftigen Wahrzeichens von Bad Aussee stattfand, gab sich aus nah und fern angereiste Polit- und Wirtschaftsprominenz ein Stelldichein. Reden wurden geschwungen, Blasmusik blies, Weihwasser spritzte. Dann erhob sich ein Helikopter, um ein 650 Quadratmeter großes weißes Segeltuch hochzuziehen, das man zuvor über dem Zusammenfluss von Altausseer und Grundlseer Traun gebreitet hatte. Zum Vorschein kam eine futuristische Stahlkonstruktion, die für das beschauliche Kurstädtchen ohne Zweifel ein stilistisches Novum darstellte. Seither markiert dieser mit einem Durchmesser von 27 Metern mit Abstand größte Mercedes-Stern der Welt, auf drei Flussufern ruhend und rundum begehbar, zusätzlich zu dem nur einen Steinwurf entfernten »Mittelpunktstein« (siehe Ort 1), das geografische Zentrum Österreichs.

Die Idee zu dem insbesondere aus der Vogelperspektive spektakulären Projekt heckten federführend Bürgermeister Otto Marl und der damalige Präsident der Bundesvereinigung der Deutschen Arbeitgeberverbände Dieter Hundt, der in Bad Aussee einen Zweitwohnsitz hat, aus. Gemeinsam überzeugten sie die Chefetagen der DaimlerChrysler AG und der Mercedes-Benz Österreich GmbH. Und so parkte an jenem Tag im April nicht nur im Kurpark ein Spalier erlesener Modelle aus der über 100-jährigen Geschichte des Konzerns, sondern im Kurhaus sogar der Benz Patent-Motorwagen Nummer 1, das 1885 gebaute erste praxistaugliche Automobil der Welt. Das kolossale, über das Wasser gespannte Markenlogo, das in seiner dreizackigen Urform noch Gottfried Daimler persönlich entworfen hat, kündet seither dauerhaft vom Nimbus des »guten Sterns« als Symbol für Qualität und Sicherheit »auf allen Straßen« dieser Welt.

Adresse Kurhausplatz, 8990 Bad Aussee-Zentrum | ÖPNV ÖBB Bad Aussee, Postbus 955, 956, 957 bis Haltestelle Postamt | Anfahrt B 145, Abfahrt Bad Aussee-Zentrum, dem Leitsystem zu den Parkplätzen Pratergasse oder Oppauer Platz folgen, von dort zu Fuß bis zum Kurpark, Mercedes-Brücke eine Gehminute (süd-)östlich des Kurhauses | Tipp Ein besonders lohnender, etwa halbstündiger Spaziergang führt vom Kurpark über die Grundlseer Traun auf dem »Gamsensteg« auf die Tauscherin. Die Ruhebänke auf der Kuppe dieses Wiesenhügels gelten wegen der schönen Aussicht auf die Stadt als einer der Naturerlebnis- und Glücksplätze.

3 Die Faschingsumzüge

Von Flinserln, Pless und Trommelweibern

»Ich gelobe, an den heiligen drei Faschingstagen alle Kraft dafür einzusetzen, jeden Arbeitseifer schon im Keim zu ersticken. Meine Ernährung ausschließlich auf geistvoll flüssige Substanzen auszurichten, noch mehr Wirtshäuslichkeit an den Tag zu legen. Dem Rufe der großen Trommel jederzeit und bedingungslos Folge zu leisten und nur in der Treue zur ruhmreichen Trommelweiberfahne nicht zu schwanken.«

Keine Sorge! Der Fahneneid, den »Novizinnen« bei der Angelobung zum Trommelweib zu sprechen haben, ist natürlich augenzwinkernd gemeint und auch nur temporär gültig. Schließlich gilt im Ausseerland von Faschingssonntag bis -dienstag das Motto »In der narrischen Zeit san ma narrische Leit«. An jenen drei tunlichst arbeitsfreien Tagen, dem Klimax der »fünften Jahreszeit«, sind alle Straßen und Gaststätten Schauplatz zügelloser Feierlust.

Besagte Trommelweiber etwa, in Wahrheit gestandene Mannsbilder, sind, angetan mit rüschigen Nachtgewändern, Schlafhauben, Kittelschürzen und Pölstern als künstlichen Busen, lärmend unterwegs. Angeblich (hyperkorrekt gendernde ZeitgenossInnen mögen weghören), um sich rückwirkend bei ihren Frauen zu revanchieren, die ihre betrunkenen Gatten früher spätabends im Nachthemd aus den Wirtshäusern zu zerren pflegten.

Eher poetisch-heiter gestaltet sich der Umzug der Flinserl, einer spezifisch ausseerischen Formation in leinenen, mit Pailletten und aufgenähten bunten Stofffiguren geschmückten Kostümen, die vom nahen Frühling kündend an die Kinder Süßigkeiten verteilen. Den Widerpart zu diesen wohl von der venezianischen Commedia dell'arte inspirierten, von Musikanten und dem sogenannten Zacherl begleiteten Lichtgestalten spielen die Pless, aggressive Abkömmlinge uralter Winterdämonen mit Körben über dem Kopf und an Stöcken befestigten Schmutzlappen, mit denen sie von Buben geworfene Schneebälle abwehren.

Adresse Startplatz der Umzüge: Gasthof »Zur blauen Traube«, Kirchengasse 165, 8990 Bad Aussee-Zentrum, Tel. 0676/4402533, www.blauetraube.at | ÖPNV ÖBB Bad Aussee, Postbus 956 bis Haltestelle Meranplatz oder Postbus 957 bis Haltestelle Volksschule | Anfahrt B 145, Abfahrt Bad Aussee-Zentrum, dem Leitsystem durch den Stadtkern zum Parkplatz Pfarrhof oder Kirchengasse folgen | Tipp Zum Aufwärmen und Stärken kehrt man zum Beispiel im Café Wiedleite gleich nach der Brücke am Beginn der Bahnhofstraße auf Kaffee und Kuchen oder ein herzhaftes Mittagsmahl ein (Wiedleite 102, im 1. Stock über dem Trachtengeschäft Steinhuber, Mo–Fr 8–22 Uhr).

4 Das Erzherzog-Denkmal

Salut an den »Steirischen Prinzen«

Kniebundhosen mit Stutzen, genagelte Bergschuhe, ein legeres Hemd mit Halstuch, darüber Lodenrock, Ausseerhut und dazu passend für die Pirsch Büchse, Felltasche, Bergstock und Spektiv … Typischer hätten die Ausseer ihren hochverehrten Erzherzog nicht aufs Podest stellen können. Zwar wurde das lebensgroße Bronzedenkmal erst 1935 im Zentrum des Kurparks errichtet. Zuvor hatte es in Salzburg gestanden. Doch die leutselig-unheroische Pose und die regionalübliche Jagdadjustierung sprachen ihnen aus dem Herzen.

Die Gründe für die große Sympathie diesem Habsburger gegenüber, die bis heute weit über monarchistische Kreise hinausreicht, sind mannigfach. Offenbar lohnen Untertanen es tief gerührt mit Zusatzgunst, wenn ein hoher Herr in Ehefragen statt striktem Standesdünkel seiner inneren Stimme folgt. Insofern bezeugte seine morganatische Liebesheirat mit einer Ausseerin (siehe Ort 16) zweifellos Charakterstärke. Weit wichtiger freilich war, dass sich der Erzherzog sein Leben lang als äußerst volksverbundener Förderer und Wohltäter des Landes erwies.

1782 in Florenz als Kind des Großherzogs Leopold der Toskana, des späteren Kaisers Leopold II., geboren, widmete er sich sehr bald mit Vorliebe »seiner« Steiermark und unterstützte auf vielerlei Gebieten deren Entwicklung. So gründete er diverse bis heute bestehende gemeinnützige Einrichtungen, 1811 etwa Museum und Universität Joanneum in Graz und 1840 die Montanistische Hochschule in Leoben. Er ließ, vom Liedgut bis zu Alpenpflanzen, vieles systematisch sammeln, rief in Marburg ein Musterweingut und am Fuß des Hochschwab das agrarische Mustergut »Brandhof« ins Leben, wo er mit neuen Dünge- und Anbaumethoden experimentierte, förderte Abbau und Verhüttung des Erzberger Eisens und im ganzen Land den Eisenbahnbau. Kurz, er sorgte bis heute beispielgebend für ein im Land spürbares Klima der sozialen Gesinnung und Innovation.

Adresse im Kurpark zwischen Kurhaus und Mittelpunktstein, 8990 Bad Aussee-Zentrum | **ÖPNV** ÖBB Bad Aussee, Postbus 955, 956, 957 bis Haltestelle Postamt | **Anfahrt** B 145, Abfahrt Bad Aussee-Zentrum, dem Leitsystem zu den Parkplätzen folgen, zum Beispiel Mecsérypromenade oder Pratergasse, von dort zu Fuß | **Tipp** Stilgerecht übernachten, auf ein feines Mahl einkehren oder sich im Wellness-Spa verwöhnen lassen kann man im altehrwürdigen, nur wenige Schritte vom Denkmal entfernten Viersternehotel Erzherzog Johann (www.erzherzogjohann.at).

5 Das Ausseer Gwand

Das Mekka für alle Trachtenliebhaber

Salinen und Sommerfrische-Tourismus bewahrten die Bewohner des Ausseerlandes einst vor der in anderen Alpenregionen unvermeidlichen Abwanderung aus Not und damit vor dem Zerfall überlieferter Lebensweisen. In der Folge hielten sich das intensive Zusammengehörigkeitsgefühl und auch das spezifische Brauchtum bis heute, ohne ins nur Kommerzielle abzugleiten. Dies gilt in speziellem Maße für die Tracht. Denn zwar ist etwa das »Ausseer Gwand«, sind Dirndl, Spenzer und die graugrüne Jagdtracht in ihrer heutigen Form, anders als gemeinhin vermutet, vergleichsweise junge Konstrukte einer Romantisierung des vermeintlich »Ursprünglichen«. Die ländliche Kleidung wurde erst im 19. Jahrhundert – zunächst durch adelige »Trendsetter«, später auch durch Bürger und Künstler (und zwischen den Kriegen erneut durch verdächtig volkstümelnde Kreise) – als Mode popularisiert. Doch nach 1945 haben sich auch die Einheimischen ihrer textilen Traditionen besonnen. In einer zunehmend nivellierten Welt tragen sie, gerade auch die Jungen, die Tracht wieder mit selbstbewusster Freude als Ausdruck regionaler Eigenständigkeit.

Gegenwärtig existieren in Bad Aussee, Österreichs Trachtenhochburg, rund ein Dutzend Fachläden und vier Anbieter für Trachtenstoffe. Erste Adresse ist die Firma Schmidt-Veigl, in deren 1931 gegründetem Geschäft vis-à-vis dem Kurhaus neben vielerlei fertiger Trachtenkleidung das landesweit reichhaltigste Sortiment einschlägiger Stoffe lagert – 30 Kilometer an Leinen, Loden, Wollen, Seiden, zu 95 Prozent aus rot-weiß-roter Produktion. Besonders stolz sind Chefin Uschi Veigl und ihr Nachfolger in spe, Sohn Moritz, auf die Vielfalt an kostbaren Brokatseiden, der »Königsklasse« für Festtagstrachten, und auf die regelrechte Bibliothek an Trachtenbüchern, die man bei der Komposition spezifischer Trachten aus dem ganzen deutschsprachigen Alpenraum zurate ziehen kann.

Adresse Kurhausplatz 63, 8990 Bad Aussee-Zentrum, Tel. 03622/527320, www.trachtenveigl.at | **ÖPNV** ÖBB Bad Aussee, Postbus 955, 956, 957 bis Haltestelle Postamt | **Anfahrt** B 145, Abfahrt Bad Aussee-Zentrum, dem Leitsystem zu den Parkplätzen folgen, zum Beispiel Ischlerstraße, Mecsérypromenade oder Pratergasse, von dort zu Fuß | **Tipp** An heißen Tagen eine erfrischende Wohltat ist das hausgemachte Gefrorene vom nahen Eissalon Temmel (Ischler Straße 57, täglich 11–20 Uhr).

6 Das Kaiserzimmer

Der Prunkraum im Kammerhof

Er ist wohl die nobelste Adresse der Kurstadt und dank des darin eingerichteten Museums ein viel frequentierter Anlaufpunkt für Gäste des Ausseerlandes. Die Besucher sind für gewöhnlich begeistert ob der ungemein reichhaltigen und liebevoll präsentierten Dauerschau zur Geschichte und Volkskultur der Region. Doch übersehen angesichts der Abertausenden Exponate nicht wenige, in welch exzeptionellem Gebäude sie sich befinden.

Der Kammerhof gilt als einer der bedeutendsten Profanbauten der Steiermark an der Wende von der Spätgotik zur Renaissance. Urkundlich erstmals im späten 14. Jahrhundert erwähnt, avancierte er noch im 15. Jahrhundert zum Sitz des Salzamtes, das im Auftrag der kaiserlich-habsburgischen Monopolisten Abbau und Handel des Weißen Goldes kontrollierte. Alsbald wurde das Anwesen zum Prestigeobjekt der Hallamtsverweser, der obersten Verwalter des Salinenwesens. So bekam es kurz nach 1500 ein großes Rundbogentor verpasst. In der Folge entstand der Erker samt der fotogenen Sonnenuhr, man baute jene Fenster- und Türgewinde aus fein facettiertem Fludergrabenmarmor ein, die dem Haus sein palastähnliches Aussehen verleihen. Mitte des 18. Jahrhunderts wurden die Räume »glänzend ausgestattet, um die Hochfreiherrliche Gnaden zu beherbergen«. Damals erhielt auch das Kaiserzimmer im ersten Stock seinen spektakulären Freskenschmuck.

Besagten Prunksaal, dessen Name daran erinnert, dass gleich zwei römisch-deutsche Kaiser im Kammerhof nächtigten, nämlich Friedrich III. 1442 auf der Krönungsfahrt nach Aachen und 1511 Kaiser Maximilian I., sollte man unbedingt im Detail betrachten. Denn nicht nur beeindruckt sein über die Decke und Wände wucherndes Rankwerk. Zu Füßen des Geflechts aus Girlanden und belaubten, mit Früchten behangenen Ästen prangen auch vier reizvolle Bilder, die ziemlich authentisch Szenen der örtlichen Fischerei, Salz- und Holzgewinnung zeigen.

Adresse Chlumeckyplatz 1, 8990 Bad Aussee-Zentrum | ÖPNV ÖBB Bad Aussee, Postbus 955, 956, 957 bis Haltestelle Postamt | Anfahrt B 145, Abfahrt Bad Aussee-Zentrum, dem Leitsystem zum Parkplatz Chlumeckyplatz folgen | Öffnungszeiten Mitte Juli–Mitte Sept. täglich 10–17 Uhr, davor ab Ende April (plus Osterferien) und danach bis Ende Okt. Di–Fr, So, Feiertage 10–13 Uhr, Sa 11–16 Uhr; Infos zu Lesungen, Konzerten und Hochzeiten unter www.kammerhofmuseum.at | Tipp Wer auf dem nach Johann Freiherr von Chlumetzky (1834–1924), einem vielseitigen Förderer der Region, benannten Platz steht, sollte auch den übrigen Baubestand beachten: schräg vis-à-vis den pompösen Neorenaissance-Bau der ehemaligen Politischen Expositur, in der Platzmitte die barocke Pestsäule und den Cihlarz-Brunnen sowie, an der Nordostseite, das im Kern vor 1150 errichtete Hofer-Haus mit seinen Fassadenfresken. In Letzterem lässt sich stilvoll nächtigen (www.youraustrianhome.com).

7 Die Weihnachtskrippe

Lilli Baitz im Kammerhofmuseum

Fossilien, Höhlenknochen, archäologische Relikte, Kostüme, Trachten, Musikinstrumente, Arbeitsutensilien von Handwerkern und Knappen, dazu Brauchtum und Bautradition, Zeitgeschichte und Fremdenverkehr … Das Kammerhofmuseum bietet zu (fast) allen nur erdenklichen Aspekten aus Geschichte und Gegenwart der Region reichlich Anschauungsmaterial.

Ein besonderes Schmuckstück hiesigen Kunsthandwerks ist die Ausseer Weihnachtskrippe. Im Winter 1934/35 angefertigt, stand sie ursprünglich in der Pfarrkirche St. Paul und ist seit 1959 im Museum ausgestellt. Mit ihr haben die beiden Kunstgewerblerinnen Paula Schmidl und Lilli Baitz die Geschehnisse von Bethlehem in ihre Ausseer Heimat transferiert. Die Figuren sind von der Physiognomie und den Gebärden bis zum kleinsten Detail der Tracht Typen aus dem Volk authentisch nachgebildet. Sie verkörpern die traditionellen Berufsstände Jäger, Holzknecht, Sennerin, Bergbauer und Salinenarbeiter. Die tief verschneite Winterlandschaft mit der Kalvarienbergkirche St. Leonhard als Kulisse verleiht der Szene zusätzlich bodenständiges Gepräge.

Lilli Baitz war die Tochter von Clara und Josef Schreiber (siehe Ort 8). Sie hatte in Florenz und München Kunstschulen besucht und in Wien in Josef Hoffmanns Architekturklasse hospitiert, ehe sie mit ihren märchenhaften Dekorationen, Schaufensterszenen, Krippen und in der Folge vor allem Trachtenpuppen international Karriere machte. Das gemeinsam mit ihrem Mann Roman Baitz gegründete Kunstgewerbeatelier Lilli belieferte von seinen Werkstätten in Salzburg, Berlin und später Bad Aussee zwischen den Kriegen Großkunden wie die Kaufhäuser Karstadt, Harrods, Herzmansky und sogar die US-Filmfirma Metro-Goldwyn-Mayer. Nach 1938 wurde das Unternehmen arisiert und seine Gründerin als konvertierte Jüdin derart drangsaliert, dass sie 1942 in den Freitod ging.

Adresse Chlumeckyplatz 1, 8990 Bad Aussee-Zentrum, Tel. 03622/52511-300, www.kammerhofmuseum.at | ÖPNV ÖBB Bad Aussee, Postbus 955, 956, 957 bis Haltestelle Postamt | Anfahrt B 145 Abfahrt Bad Aussee-Zentrum, dem Leitsystem zum Parkplatz Chlumeckyplatz folgen | Öffnungszeiten Mitte Juli–Mitte Sept. täglich 10–17 Uhr, davor ab Ende April (plus Osterferien) und danach bis Ende Okt. Di–Fr, So, Feiertage 10–13 Uhr, Sa 11–16 Uhr | Tipp Eine Vielzahl sogenannter Baitzpuppen aus dem Nachlass des Unternehmens L. & R. Baitz ist im Puppen- und Spielzeugmuseum der vorarlbergischen Gemeinde Blons zu bewundern (www.puppenmuseumblons.at).

8 Die Alpenpost-Redaktion

»Sprachrohr« des Steirischen Salzkammerguts

Von solch hoher Marktdurchdringung und erst recht Akzeptanz können selbst Bild- und Kronen Zeitung nur träumen: Das grüne Logo der Alpenpost kennt im Ausseerland ausnahmslos jeder. Und mehr noch: Das Blatt wird zwischen Lupitsch und Tauplitz in so gut wie jedem Haushalt auch gelesen. Und zwar geflissentlich und ohne Argwohn, weil man es frei von Fake News weiß. Schelmisch und stolz zitiert ihr Chefredakteur einen örtlichen Primararzt: »Flo, dei Zeitung hat a Durchseuchungsrate von 120 Prozent.«

Florian Seiberl übernahm die Alpenpost 2007. Ursprünglich gegründet worden war sie, versehen mit dem Adjektiv »Steyrische«, 1885 von Clara Schreiber, ihres Zeichens aus Wien zugezogene Publizistin, Salonière und Gattin Josef Schreibers, des legendären ersten Kurarztes von Bad Aussee. Als wöchentliche Universalzeitung, die neben regionalen Nachrichten auch solche aus aller Welt sowie Feuilletons prominenter Sommerfrischler brachte, ging sie in den Wirren des Kriegsendes 1945 unter.

1976 erstand, nunmehr unter den Fittichen einer Regionalbank, die neue »Alpenpost« wieder auf – anfangs als monatliche Gratis-Kundenzeitung, bald aber schon alle zwei Wochen im Abo vertrieben und zusehends kommerziell geführt. Ansehen und Erfolg wuchsen über die Jahre unbeschadet aller Online-Konkurrenz stetig. Zumal die Redaktion – unvergessen: die hitzigen Debatten um die Schließung des Landeskrankenhauses Bad Aussee oder den Standort des Narzissenbades – Kontroversen keineswegs mied. Doch blieb sie letztlich dem Eigentümer verpflichtet. Erst nachdem das Blatt 2018 durch den von privaten Gönnern initiierten »Medienförderungsverein« ausgekauft wurde, ist es politisch komplett unabhängig, können Seiberl und seine Mini-Mannschaft ihre Rolle als »Sprachrohr« für Wirtschaft, Kultur und Heimat der Region und auch Kontrollinstanz der Politik und damit vierte Gewalt konsequent erfüllen.

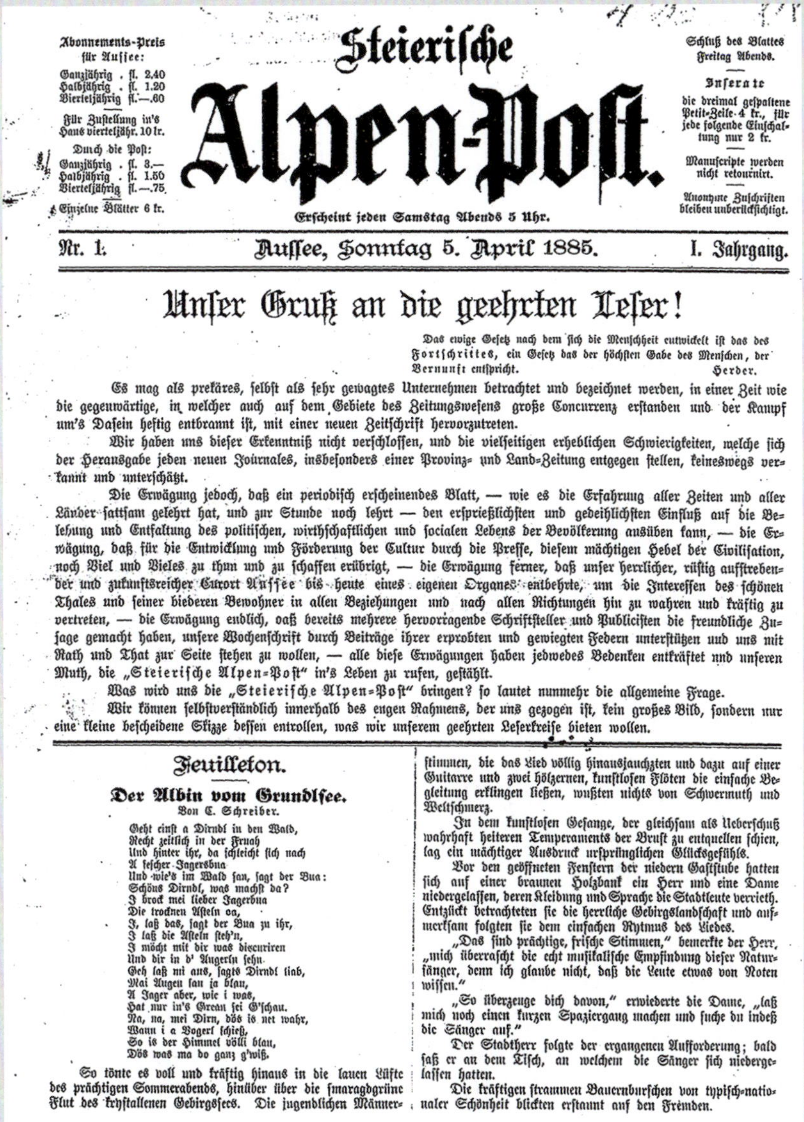

Abonnements-Preis für Aussee:
Ganzjährig . fl. 2.40
Halbjährig . fl. 1.20
Vierteljährig fl. —.60

Für Zustellung in's Haus vierteljähr. 10 kr.

Durch die Post:
Ganzjährig . fl. 3.—
Halbjährig . fl. 1.50
Vierteljährig fl. —.75

Einzelne Blätter 6 kr.

Steierische Alpen-Post.

Erscheint jeden Samstag Abends 5 Uhr.

Schluß des Blattes Freitag Abends.

Inserate die dreimal gespaltene Petit-Zeile 4 kr., für jede folgende Einschaltung nur 2 kr.

Manuscripte werden nicht retournirt.

Anonyme Zuschriften bleiben unberücksichtigt.

Nr. 1. Aussee, Sonntag 5. April 1885. I. Jahrgang.

Unser Gruß an die geehrten Leser!

> Das ewige Gesetz nach dem sich die Menschheit entwickelt ist das des Fortschrittes, ein Gesetz das der höchsten Gabe des Menschen, der Vernunft entspricht.
> Herder.

Es mag als prekäres, selbst als sehr gewagtes Unternehmen betrachtet und bezeichnet werden, in einer Zeit wie die gegenwärtige, in welcher auch auf dem Gebiete des Zeitungswesens große Concurrenz erstanden und der Kampf um's Dasein heftig entbrannt ist, mit einer neuen Zeitschrift hervorzutreten.

Wir haben uns dieser Erkenntniß nicht verschlossen, und die vielseitigen erheblichen Schwierigkeiten, welche sich der Herausgabe jeden neuen Journales, insbesonders einer Provinz- und Land-Zeitung entgegen stellen, keineswegs verkannt und unterschätzt.

Die Erwägung jedoch, daß ein periodisch erscheinendes Blatt, — wie es die Erfahrung aller Zeiten und aller Länder sattsam gelehrt hat, und zur Stunde noch lehrt — den ersprießlichsten und gedeihlichsten Einfluß auf die Belebung und Entfaltung des politischen, wirthschaftlichen und socialen Lebens der Bevölkerung ausüben kann, — die Erwägung, daß für die Entwicklung und Förderung der Cultur durch die Presse, diesem mächtigen Hebel der Civilisation, noch Viel und Vieles zu thun und zu schaffen erübrigt, — die Erwägung ferner, daß unser herrlicher, rüstig aufstrebender und zukunftsreicher Curort Aussee bis heute eines eigenen Organes entbehrte, um die Interessen des schönen Thales und seiner biederen Bewohner in allen Beziehungen und nach allen Richtungen hin zu wahren und kräftig zu vertreten, — die Erwägung endlich, daß bereits mehrere hervorragende Schriftsteller und Publicisten die freundliche Zusage gemacht haben, unsere Wochenschrift durch Beiträge ihrer erprobten und gewiegten Federn unterstützen und uns mit Rath und That zur Seite stehen zu wollen, — alle diese Erwägungen haben jedwedes Bedenken entkräftet und unseren Muth, die „Steierische Alpen-Post“ in's Leben zu rufen, gestählt.

Was wird uns die „Steierische Alpen-Post“ bringen? so lautet nunmehr die allgemeine Frage.

Wir können selbstverständlich innerhalb des engen Rahmens, der uns gezogen ist, kein großes Bild, sondern nur eine kleine bescheidene Skizze dessen entrollen, was wir unserem geehrten Leserkreise bieten wollen.

Feuilleton.

Der Albin vom Grundlsee.

Von C. Schreiber.

Geht einst a Dirndl in den Wald,
Recht zeitlich in der Fruah
Und hinter ihr, da schleicht sich nach
A fescher Jagersbua
Und wie's im Wald san, sagt der Bua:
Schöns Dirndl, was machst da?
I brock mei lieber Jagerbua
Die trocknen Asteln oa,
I, laß das, sagt der Bua zu ihr,
I laß die Asteln steh'n,
I möcht mit dir was discuriren
Und dir in d' Augerln sehn.
Geh laß mi aus, sagts Dirndl liab,
Mai Augen san ja blau,
A Jager aber, wie i was,
Hat nur in's Grean sei G'schau.
Na, na, mei Dirn, dös is net wahr,
Wann i a Vogerl schieß,
So is der Himmel völli blau,
Dös was ma do ganz g'wiß.

So tönte es voll und kräftig hinaus in die lauen Lüfte des prächtigen Sommerabends, hinüber über die smaragdgrüne Flut des krystallenen Gebirgssees. Die jugendlichen Männerstimmen, die das Lied völlig hinausjauchzten und dazu auf einer Guitarre und zwei hölzernen, kunstlosen Flöten die einfache Begleitung erklingen ließen, wußten nichts von Schwermuth und Weltschmerz.

In dem kunstlosen Gesange, der gleichsam als Ueberschuß wahrhaft heiteren Temperaments der Brust zu entquellen schien, lag ein mächtiger Ausdruck ursprünglichen Glücksgefühls.

Vor den geöffneten Fenstern der niedern Gaststube hatten sich auf einer braunen Holzbank ein Herr und eine Dame niedergelassen, deren Kleidung und Sprache die Stadtleute verrieth. Entzückt betrachteten sie die herrliche Gebirgslandschaft und aufmerksam folgten sie dem einfachen Rytmus des Liedes.

„Das sind prächtige, frische Stimmen,“ bemerkte der Herr, „mich überrascht die echt musikalische Empfindung dieser Natursänger, denn ich glaube nicht, daß die Leute etwas von Noten wissen.“

„So überzeuge dich davon,“ erwiederte die Dame, „laß mich noch einen kurzen Spaziergang machen und suche du indeß die Sänger auf.“

Der Stadtherr folgte der ergangenen Aufforderung; bald saß er an dem Tisch, an welchem die Sänger sich niedergelassen hatten.

Die kräftigen strammen Bauernburschen von typisch-nationaler Schönheit blickten erstaunt auf den Fremden.

Adresse Redaktion: Kammerhofgasse 227, 8990 Bad Aussee-Zentrum, Tel. 03622/53118, www.alpenpost.at | **ÖPNV** ÖBB Bad Aussee, Postbus 955, 956, 957 bis Haltestelle Postamt | **Anfahrt** B 145, Abfahrt Bad Aussee-Zentrum, dem Leitsystem zum Parkplatz Chlumeckyplatz folgen | **Öffnungszeiten** Erscheinungstermin: jeden 2. Do, über Trafik-Verkauf oder Abo erhältlich | **Tipp** Als Urlaubsgast kann man die Alpenpost gleich um die Ecke der Redaktion bei Kaffee und Kuchen in der traditionsreichen Kurcafé-Konditorei Lewandofsky-Temmel lesen (Kurhausplatz 144, Mo–Sa 8–19 Uhr, So 9–19 Uhr).
Im Bild: die faksimilierte Erstausgabe vom 5. April 1885.

9 Der Architekt der Musik

Andreas Mayers Instrumentenwerkstatt

Der Gleichmut ist ihm geradezu ins Gesicht geschrieben. Er verströmt ihn bei jedem Wort und auch Handgriff an seinem Werktisch. Effizienz- und Umsatzgetriebenheit? Sind ihm spürbar fremd. »Ich führe«, bekennt Andreas Mayer, »mein Geschäft denn auch verschmitzt, eher spielerisch-intuitiv.« Kein Wunder, dass man in seinem Werkstatt-Laden, umgeben von all den warmtönigen Klangkörpern, auch als Besucher im Nu entspannt. Als bräuchte es ein Symbol für den Geist dieser Insel im Strom der Zeit, hängt an der Wand eine Uhr ohne Zeiger.

Mayer erinnert sich noch genau, wie er als gelernter Tischler mit Anfang 20 im Haus einer Violinistin einen Job erledigte und diese bemerkte: »Du arbeitest so penibel – du könntest sicher super Geigen bauen.« Es war der Weckruf zu seiner Berufung. Wenig später übersiedelte er ins Salzkammergut und schrieb sich in die Gründungsklasse der soeben in Hallstatt eröffneten, bis heute österreichweit einzigen Fachschule für Instrumentenbau ein. Seit 1996 baut, repariert, verbessert, verkauft und vermietet er nun im Herzen von Bad Aussee – fast ein Vierteljahrhundert lang oben in der Kirchengasse, neuerdings auf halbem Weg zwischen Café »Lewan« und Kammerhof – Streich- und Zupfinstrumente.

Unter seine Fittiche nimmt er »alles, was Saiten hat, außer Klaviere« – Mandoline, Gitarre, Hackbrett, Zither, Cello, Violine. Auch historisches Musikgerät, Lauten etwa oder Theorben, stellt er gelegentlich her. Einen Schwerpunkt bildet beim Neubau, »weil im Ausseerland dafür erhöhter Bedarf besteht«, der Kontrabass. Da hat er sogar ein eigenes Modell, den Salzkammergut-Bass, mit speziellen Randeinlagen aus Ahorn- und Eibenholz kreiert. Und apropos Eigenkreationen: Dazu zählen auch sein erst jüngst vor allem für Klangtherapeuten entwickeltes 22-saitiges Monochord und die ebenfalls gern für Therapien, aber auch als Klangfond beim Meditieren verwendete Sonnenharfe.

Adresse Kammerhofgasse 57, 8990 Bad Aussee-Zentrum, Tel. 0664/1600176, www.instrumentenbau-mayer.at | **ÖPNV** ÖBB Bad Aussee, Postbus 955, 956, 957 bis Haltestelle Postamt | **Anfahrt** B 145, Abfahrt Bad Aussee-Zentrum, dem Leitsystem zum Parkplatz Chlumeckyplatz folgen | **Öffnungszeiten** nach Vereinbarung | **Tipp** Direkt gegenüber, im Haus Nummer 227, bietet »Die Einkocherei« Feinschmeckern feine Chutneys, Gelees, Aufstriche, Sugos, Suppen und manch Delikates aus eigener Produktion zum Mitnehmen (www.einkocherei.at).

10 Die Stadtpfarrkirche

Das katholische Herz der Kurstadt

Vor die Aufgabe gestellt, einen Sakralbau auszuwählen, an dem sich die reiche Historie und der traditionelle Wohlstand von Bad Aussee exemplarisch ablesen lassen, fällt die Wahl leicht: Es ist die katholische Pfarrkirche, auf die geschichtsbewusste und kunstsinnige Bewohner der Kurstadt besonders stolz sind. Auf dem Vorplatz mit Blick auf das reich verzierte Portal und den mächtigen Turm und mehr noch im Inneren unter den hohen Netzrippengewölben versteht man, weshalb.

Ein erstes romanisches Gotteshaus befand sich an dem leicht erhöhten Platz am östlichen Ortsrand vermutlich bereits um 1200. Kurz darauf, der Marktflecken wurde in den Annalen inzwischen unter dem Namen »Awse« oder »Úzsê« (nach dem slawischen Wort für Mündung) geführt, war das Kirchlein schon Vikariat, angegliedert den Benediktinerinnen von Traunkirchen. Die entscheidende Metamorphose erfolgte im Laufe des 15. Jahrhunderts: Da erhielt der bis dahin ebenfalls romanische, dem heiligen Paulus geweihte Nachfolgebau seinen 51 Meter hohen Turm und zwei zusätzliche Joche samt Chor, wurde eingewölbt und gotisiert. Auch das erwähnte Spitzbogenportal und die 1.700 Kilogramm schwere Glocke, von Kaiser Friedrich III. gestiftet und von den Ausseern liebevoll »Kunigunde« getauft, stammen aus jener Zeit.

Der Rundgang offenbart kostbare Kunstwerke in anregendem Stilmix. Das wohl älteste ist die »Schöne Madonna«. Sie ist eine Steingussarbeit von circa 1420, mit den berühmten Marienstatuen in Krumau und Hallstatt verwandt, und steht auf dem zarten Barockaltar der Frauenkapelle. Gut 100 Jahre jünger, dafür spektakuläre zehn Meter hoch, ist das von dem örtlichen Steinmetz Hans Engelprecht aus Adneter Marmor gemeißelte Sakramentshäuschen. Eingehende Beachtung verdienen weiters etwa auch die Heiligenfiguren auf dem Annaaltar und die klassizistische, von dem Mitterndorfer Johann Fortschegger gestaltete Kanzel.

Adresse Kirchengasse 26, 8990 Bad Aussee-Zentrum, Tel. 03622/52214 | ÖPNV ÖBB Bad Aussee, Postbus 956 bis Haltestelle Meranplatz oder Postbus 957 bis Haltestelle Volksschule | Anfahrt B 145, Abfahrt Bad Aussee-Zentrum, dem Leitsystem durch den Stadtkern zum Parkplatz Pfarrhof oder Kirchengasse folgen, von dort zwei Minuten zu Fuß | Öffnungszeiten tagsüber frei zugänglich | Tipp Einen besonderen Schatz der Pfarrkirche zum Heiligen Paulus bilden die inner- und außerhalb erhaltenen Grabsteine. Unter ihnen als hochkarätige Steinmetzarbeiten speziell hervorhebenswert: die figuralen Darstellungen in ritterlicher Rüstung der bedeutenden Salzverweser Christoph von Praunfalk und Hans III. Herzheimer.

11 Die »Blaue Traube«

Das älteste Wirtshaus von Bad Aussee

Die altehrwürdige Salinen- und Kurstadt, die sich übrigens seit der Eröffnung der hiesigen Klinik für Psychosomatik und Psychotherapie im Jahr 2006 auch Universitätsstadt nennen darf, besitzt in ihrem Kern eine Vielzahl äußerst geschichtsträchtiger, profaner Gebäude: die mit Sgraffiti geschmückte Alte Steinmühle auf dem Meranplatz zum Beispiel, gleich daneben Meran- und Strennbergerhaus, westlich der Traun, an der Mautbrücke, das »Weiße Rössl«, ehemals Heimstatt des einflussreichen Salzverwesers Hans Herzheimer, und oben am Chlumeckyplatz Hofer-Haus und Kammerhof. Und auch in der Kirchengasse, die Richtung Osten zum Ortsteil Gasteig hochführt, schart sich altehrwürdiges Gemäuer: das ehemalige Mesnerhaus etwa (Nummer 29), ein wenig zurückversetzt der Pfarrhof (Nummer 26) oder, mit seinem weit auskragenden Walmdach besonders spektakulär, das Podenhaus (Nummer 28).

Ein Prachtexemplar spätmittelalterlicher Repräsentationsarchitektur ist an der rechten Straßenseite, noch am Beginn der Steigung, der Gasthof »Blaue Traube«. Urkundlich erstmals im Jahr 1454 erwähnt und in der Folge als Wohnstatt zweier Adelsfamilien genannt, dürfte der mächtige Wehrbau sogar noch deutlich ältere Bauteile einschließen. Er besitzt noch sein originales Rundbogenportal aus der Spätgotik. Darüber prangt ein historisches Fresko der Muttergottes. Und in der gewölbten Vorhalle finden sich gar zwei Relikte aus der Antike, eine Widmungsinschrift und ein römischer Relief-Grabstein mit der Darstellung eines Trankopfers, eingemauert.

Im Gästebuch des heutigen Drei-Sterne-Hauses hat sich in den 1880er Jahren, wovon eine Infotafel an der lachsrosa Fassade kündet, mehrmals der Heimatdichter Peter Rosegger eingetragen. Eine zweite Tafel erinnert, direkt darunter, linkerseits des Eingangs, an einen Aufenthalt des sozialdemokratischen Staatskanzlers (1918–1920) sowie ersten Bundespräsidenten der Zweiten Republik (1945–1950) Karl Renner.

Adresse Kirchengasse 165, 8990 Bad Aussee-Zentrum, Tel. 0676/4402533, www.blauetraube.at | ÖPNV ÖBB Bad Aussee, Postbus 956 bis Haltestelle Meranplatz oder Postbus 957 bis Haltestelle Volksschule | Anfahrt B 145, Abfahrt Bad Aussee-Zentrum, dem Leitsystem durch den Stadtkern zum Parkplatz Pfarrhof oder Kirchengasse folgen | Öffnungszeiten Hotel: ganzjährig 7/24, Gasthaus: Mi–Mo 8.30–22 Uhr | Tipp Die Besichtigung von Haus und Römerstein kann man mit der Einkehr in den gemütlichen Stuben oder im schattigen Garten des Gasthofes verbinden. Gute Hausmannskost bekommt man aber auch schräg gegenüber beim Kirchenwirt serviert (Kirchengassse 162, Tel. 0664/8761399, Mi–Mo 10–22 Uhr).

12 Die Poestion-Gedenktafel

Salut für einen wegweisenden Islandologen

An Persönlichkeiten, die im Ausseerland geboren sind respektive hier wirkten, erinnern in Bad Aussee an etlichen Fassaden Gedenktafeln. Jene, von der hier die Rede sein soll, wird vergleichsweise wenig beachtet. Dies liegt wohl nicht nur am Ort ihrer Hängung, einer vom Durchzugsverkehr Richtung Grundlsee geplagten Ecke des engen Poestionplatzes, sondern wohl auch an der Exotik des Wissensgebietes, dem der durch die Inschrift Geehrte sein Forscherleben gewidmet hat.

Joseph Calasang Poestion kam 1853 in ebenjenem Ausseer Haus als Sohn eines Salinenbeamten zur Welt und offenbarte schon früh eine außerordentliche Begabung für Sprachen. Nach einem Studium der Philologie lebte er zunächst als freier Schriftsteller und Privatgelehrter, war hernach lange Jahre in Wien im Innenministerium beschäftigt. Er befasste sich wissenschaftlich zunächst mit Themen der Antike, ehe er sich der Erforschung skandinavischer Sprachen und Literaturen zuwandte.

In der heutigen, hektischen Zeit der Effizienzgetriebenheit muss man ob der Bemerkung im Österreichischen Biographischen Lexikon schmunzeln, Poestions »erstaunliche Produktivität« habe »auch nach seinem Eintritt in den Staatsdienst unvermindert angedauert«. Fakt ist, dass ihm sein Status als hoher k. u. k. Beamter erlaubte, sowohl epochale Heldensagen aus dem Altnordischen zu übersetzen als auch die Originalwerke zahlreicher moderner Dichter, allen voran Henrik Ibsen und Hans Christian Andersen, ins Deutsche zu übertragen. Seine Grammatiklehrbücher für Dänisch, Schwedisch und Norwegisch galten an den Schulen jener Länder als obligat, seine Literatur- und Landeskunde Islands als Standardwerke, lange bevor er seine geliebte Insel erstmals besuchen konnte. Es verwundert nicht, dass er, als er 1906 dank eines staatlichen Reisestipendiums endlich nach Reykjavík kam, dort als Ehrengast gefeiert und zum »Ritter Islands« geschlagen wurde.

Adresse Poestionplatz 34, 8990 Bad Aussee-Zentrum | **ÖPNV** ÖBB Bad Aussee, Postbus 956 bis Haltestelle Meranplatz | **Anfahrt** B 145, Abfahrt Bad Aussee-Zentrum, dem Leitsystem durch den Stadtkern zum Parkplatz Kirchengasse oder Gimpelinsel folgen, von dort zwei Minuten zu Fuß | **Tipp** Beachtenswert ist in der Ischler Straße 191 die Gedenktafel für den Ausseer Fotografen Michael Moser (1853 – 1912), der als Weltreisender und Japan-Kenner zu Weltberühmtheit gelangte.

13 Die Lössl-Uhr

Einzigartiges Zeugnis unbändigen Erfindergeistes

Keine Frage, diese Standuhr gehörte allein ihrer stattlichen Erscheinung wegen vor den Vorhang gebeten. Wie sie da, moosgrün gestrichen, mit ihren vier weißen Zifferblättern und der herrlich verschnörkelten Ornamentik auf mächtigem Steinquader über dem Rathausplatz thront, gibt sie rein ästhetisch ordentlich was her. Einzigartig ist sie freilich dank ihres Innenlebens: Denn das 1,5 Tonnen schwere Gehäuse aus Gusseisen barg ein sogenanntes autodynamisches Uhrwerk – einen seinerzeit revolutionären Mechanismus, der ausschließlich durch Nutzung der natürlichen Schwankungen von Luftdruck und Lufttemperatur angetrieben wird. Anstatt die Gewichte und Federn wie üblich regelmäßig per Hand oder elektrisch aufzuziehen, kann man das System, einmal exakt eingestellt, als Art Perpetuum mobile für unbeschränkte Zeit sich selbst überlassen.

Der Erfinder dieses technischen Wunderwerks hieß Friedrich Ritter von Lössl, war gebürtiger Bayer und ein ungemein vielseitiger, genialischer Ingenieur. So trassierte er 2.500 Kilometer Eisenbahnlinien, darunter große Teile der Salzkammergutbahn. Wegweisend waren seine Forschungen auch auf dem Gebiet der Luftfahrt. Sein Buch über »Die Luftwiderstands-Gesetze« trug maßgeblich zur Entwicklung von Flugzeugen bei. Dennoch sind Lössls Pionierleistungen heute weitgehend vergessen.

Auch seine 1880 patentierte autodynamische Uhr war letztlich ein Misserfolg. Zwar standen Exemplare davon unter anderem in Paris, Hamburg, Triest, Linz und Marburg. Doch insgesamt wurden gerade ein gutes Dutzend gebaut – und längst verschrottet. Selbst jenes letztverbliebene, das bereits 1897 als Geschenk von Wien nach Bad Aussee gelangte, ist, obwohl inzwischen denkmalgeschützt, nicht mehr das, was es war: Sein empfindliches Originallaufwerk musste, durch den Autoverkehr irreparabel erschüttert, vor geraumer Zeit schon auf elektrischen Betrieb umgestellt werden.

Adresse Rathausplatz, 8990 Bad Aussee-Zentrum | ÖPNV ÖBB Bad Aussee, Postbus 956 bis Haltestelle Meranplatz | Anfahrt B 145, Abfahrt Bad Aussee-Zentrum, dem Leitsystem zu den Parkplätzen folgen, zum Beispiel Mecsérypromenade oder Chlumeckyplatz, von dort zu Fuß zur Hauptstraße, Lössl-Uhr an deren östlichem Ende vor dem Rathaus | Tipp Weitere Orte, die in Bad Aussee an den auch als Förderer von Kunst und Kultur verdienten Erfinder erinnern, sind die 1890 von ihm erbaute und bis zu seinem Tod 1907 bewohnte Villa »Gentiana« in der Bahnhofstraße 210 sowie die von ebendort Richtung Koppentraun und Evangelischer Kirche führende Lössl-Promenade.

14 Das Ausseer Porzellan

Manufaktur und Gourmet-Treff der Astrid Wichert

Nein, sie ist keine Hiesige, sondern Wienerin. Und nein, sie ist keine gelernte Keramikdesignerin, hat vielmehr einen Doktor der Biologie, war in diversen Berufen, von der Forschung bis zur Konferenzorganisation, erfolgreich tätig und ist, was ihre kunsthandwerkliche Expertise betrifft, Autodidaktin. Wahrscheinlich ist nur jemand mit einer so unorthodoxen Biografie willens und fähig, einen solch originellen Hybrid aus Werkstatt und Concept Store zu betreiben.

Porzellanherstellung, Gastronomie, Feinkosthandel: Der Dreischritt berge, erklärt Astrid Wichert, für sie eine innere Logik. Da sie, »aus privaten Gründen«, in Bad Aussee vor Anker gegangen ist, hier »eine gewisse kulinarische Unterversorgung« empfand, verkauft sie heute handverlesene Delikatessen aus nah und fern. Und weil sie gern und gut kocht, kredenzt sie Besuchern zudem täglich ein, zwei Gerichte, dazu feine Weine, Proseccos, Sommerdrinks, Kaffees. Genossen wird all das aus selbst kreierten Tassen, Tellern, Schalen.

Womit wir beim Hauptthema wären, dem Porzellan, und somit vom Verkaufsraum in Wicherts Atelier nebenan wechseln, den buchstäblichen Brennpunkt ihrer Phantasie. Seit sich die Künstlerin in diesen Werkstoff verliebt hat, lotet sie hier permanent die Grenzen seiner Form- und Verwendbarkeit aus. Und schüttelt, wie Frau Holle aus ihrer Tuchent Schnee, Originelles ohne Ende aus dem Ärmel. Trachtenschmuck etwa, Ohrringe, Haarspangen, Broschen, Anhänger, Ketten, Knöpfe, Perlen, teilweise im alten Stoffdruckdesign oder auch mit Mustern der japanischen Neriage-Technik dekoriert; eine Geschirrserie, hauchdünn, weiß und mit Echtgoldrand oder, als Ergebnis besonders unbändiger Experimentierfreude, mit Schamotte versetzte Sushi-Sets und Sake-Schälchen … Und all das ist ausnahmslos von Hand geformt und quasi signiert mit dem eingetragenen Markenzeichen, einer Narzisse und »AP« für »Ausseer Porzellan«.

Adresse Hauptstraße 150, 8990 Bad Aussee-Zentrum, Tel. 0677/61184288, www.ausseerporzellan.at | **ÖPNV** ÖBB Bad Aussee, Postbus 955, 956, 957 bis Haltestelle Postamt | **Anfahrt** B 145, Abfahrt Bad Aussee-Zentrum, dem Leitsystem zu den Parkplätzen folgen, zum Beispiel Mecsérypromenade oder Chlumeckyplatz, von dort drei Minuten zu Fuß | **Öffnungszeiten** Mo, Di, Do, Fr 10–18 Uhr, Sa 10–13 Uhr, Werkstattführung nach Anmeldung | **Tipp** Originelle Handwerksprodukte, die sich ideal als Souvenirs eignen, bietet gleich im Nachbarhaus auch Ilse Köberl in ihrer Manufaktur namens »eing'seift« an: in Eigenregie und garantiert ohne Palmöl hergestellte Natur- und Putzseifen, dazu Zirbenprodukte, einschlägige Bücher und praktisches Zubehör fürs Badezimmer (Hauptstraße 149, Tel. 0681/84913900).

15 Das k. k. artvillage

Eine Galerie als Oase der Gegenwartskunst

Es ist ein Lichtblick in der ansonsten bedauerlich wenig fruchtbaren Ausseer Szene für Gegenwartskunst: jenes putzige Knusperhäuschen, das sich da, ursprünglich Teil einer Schmiede aus dem 12. Jahrhundert, an der Südseite des Meranplatzes neben der Spitalkirche hinduckt. »Galerie« steht auf den Spiegeln des historischen Holzportals, hinter dem sich lange Zeit eine Uhrmacherwerkstatt und in der Folge ein Andenkenladen befanden. Als dessen Betreiberin 2018 verstarb, eröffneten Renée Pilecky und Anton S. Frick darin wenig später nach aufwendiger Restaurierung eine kleine, aber feine Begegnungsstätte.

Das Künstlerpaar – sie Steinbildhauerin, er als »Existenzialist mit starkem Hang zum Dadaismus« (Eigendefinition) interdisziplinär auf diversen Feldern, von Fotografie, Malerei und Bildhauerei bis hin zu Bühnenbild und Aktionskunst, unterwegs – war nach langer gemeinsamer, international erfolgreicher Karriere in beider Heimatstadt Graz 2005 nach Bad Aussee übersiedelt. Anlass: die damals hier abgehaltene Landesausstellung »Narren und Visionäre«. Mit im Gepäck hatten sie das von ihnen zehn Jahre zuvor als digitales Pionierprojekt gegründete virtuelle *artvillage*. »Die Visionäre sind inzwischen weitergezogen«, kommentiert Frick mit der für ihn typischen launischen Lakonie, »die Narren, wir, sind geblieben.«

So närrisch dürfte der Entschluss, am Traun-Zusammenfluss Anker zu werfen, freilich nicht gewesen sein. Die Zwischenbilanz der beiden fällt durchaus positiv aus. Ihr so stimmungsvolles Domizil neben der Stadtpfarrkirche, das ihnen auch als Atelier-Werkstatt dient, war über die Jahre Schauplatz vieler Vernissagen und Feste. Und in der Verkaufsgalerie, die sie – »wir sind keine kommerziellen Galeristen!« – als Non-Profit-«Verein zur Förderung zeitgenössischer Kunst« führen, stellen sie Sommer für Sommer eigene Werke und solche befreundeter Künstlerkollegen aus.

Adresse Meranplatz 161, 8990 Bad Aussee-Zentrum, Tel. 0664/3575680, www.artvillage.at | **ÖPNV** ÖBB Bad Aussee, Postbus bis Haltestelle Meranplatz | **Anfahrt** B 145, Abfahrt Bad Aussee-Zentrum, dem Leitsystem durch den Stadtkern zum Parkplatz Kirchengasse oder Pfarrhof folgen, von dort drei Minuten zu Fuß | **Öffnungszeiten** April–Okt. Sa 11 – 14 Uhr oder auf telefonische Anfrage | **Tipp** Besucher sind – mit Voranmeldung! – auch in der Atelier-Werkstatt des Künstlerpaares (Foto oben) stets willkommen (Mesnerhaus, Kirchengasse 29, Tel. 0664/3575680, www.artvillage.at). Im Netz stellt das artvillage mittlerweile an die 100 Kreative mit Leben und Werk vor.

16 Das Meran-Haus

Wo Anna Plochl geboren ward

Der Blitz schlug am 22. August 1819 ein, und es handelte sich nicht um eines der im bergigen Ausseerland so häufigen Gewitter. Vielmehr um Zwischenmenschliches – einen Coup de foudre. Die Betroffenen: ein gewisser Erzherzog Johann aus dem Hause Habsburg, 37 Jahre alt und unzweifelhaft eine der besten Partien des Kontinents, und Anna Plochl, ältestes von 13 Kindern des Ausseer Postmeisters und zarte 15 Lenze jung.

Erstmals in die Augen schaute sich das ungleiche Paar an jenem schicksalsträchtigen Tag auf dem Toplitzsee. Am selben Abend, im Gasthof Ladner am Grundlsee, tanzte man miteinander. Wieder sahen die Verliebten einander jedoch erst ein Jahr später. Und auch danach traf man sich selten. 1823 aber entschied sich der »hohe Herr«, seine Auserwählte vor den Traualtar zu führen. Doch sein Bruder, Franz I., Kaiser von Österreich, legte ein Veto ein. Eine Bürgerliche heiraten? Undenkbar! Solch einen Fehltritt hatte in der Familie zuletzt 250 Jahre zuvor Ferdinand II. in Tirol mit seiner Philippine Welser begangen. Der Bräutigam in spe blieb freilich stur. Seine »Nanni« übersiedelte in den Haushalt des Erzherzogs, besorgte fortan dessen Wirtschaftsführung. 1829 gab sich der Thron endlich geschlagen und grünes Licht. Der morganatischen Ehe entsprang 1839 ein Erbe, Franz, für den sein Papa bei Staatskanzler Metternich den Titel Graf von Meran erwirkte. 1850 wurde auch die geliebte Gemahlin zur Gräfin ernannt – und damit zur Stammmutter eines Geschlechts, das seither in acht Generationen an die 1.200 Nachkommen zeugte.

Ihr Geburtshaus (und damit die Keimzelle der märchenhaften Romanze), in dem Anna 1885 als allseits verehrte Witwe auch verstarb, steht vis-à-vis der Spitalkirche, auf dem Meranplatz. Im 15. Jahrhundert erbaut, präsentiert es sich heute, nach wie vor im Besitz der Familie Meran, picobello saniert und gebührlich mit einer Gedenktafel versehen.

Adresse Meranplatz 37, 8990 Bad Aussee-Zentrum | ÖPNV ÖBB Bad Aussee, Postbus 956 bis Haltestelle Meranplatz | Anfahrt B 145, Abfahrt Bad Aussee-Zentrum, dem Leitsystem durch den Stadtkern zum Parkplatz Kirchengasse oder Pfarrhof folgen, von dort drei Minuten zu Fuß | Öffnungszeiten nur von außen zu besichtigen | Tipp Im Nachbargebäude, dem Strenbergerhaus, Meranplatz 36, lädt das schmucke Café Anna Plochl mit herrlichen selbst gemachten Mehlspeisen und Snacks zur Einkehr (www.cafe-annaplochl.at). Und am Ufer des Toplitzsees, nur wenige Meter von der Seeklause entfernt, findet man eine Steinstele, die an den Ort der Erstbegegnung zwischen Erzherzog und Postmeistertochter erinnert.

17_Der Gnadenstuhlaltar

Gotische Kostbarkeit in der Spitalkirche

Wer sich für spätmittelalterliche Sakralkunst begeistert, kommt an dieser Kirche nicht vorbei. Gleich einer Insel im Strom der Zeit ragt sie an der Südseite des Meranplatzes himmelwärts. Mit ihren massiven hohen Mauern, dem steilen Schindeldach und dem achteckigen Giebelturm gibt sie sich schon von außen mit einem Blick als typischer Bau der Gotik zu erkennen.

Zur Zeit ihrer Entstehung, um 1400, war es in Städten und Märkten üblich, zur Betreuung Hilfsbedürftiger und zur höheren Ehre Gottes ein Spital zu stiften. Und infolge der damals alle Lebensbereiche durchdringenden Frömmigkeit hatte zu solch karitativen Anstalten unbedingt auch ein Gotteshaus zu gehören. Im Falle Aussees, wo die Hauptaufgabe der barmherzigen Nonnen in der Altersversorgung der Salinenarbeiter lag, entstand ein besonders prächtiges. Es ist, wenig überraschend, dem Heiligen Geist als Helfer und Tröster der Kranken geweiht und fungierte, als im 16. Jahrhundert die Gemeinde einen Protestanten zum Pfarrer wählte, als letzter Rückzugsort des Katholizismus sowie, wenig später, als früher Stützpunkt der Gegenreformation. Der Doppeladler der habsburgischen Landesherren an ihrer Stirnfassade spricht diesbezüglich Bände.

Dennoch blieb das Kircheninnere von jeglicher Barockisierung verschont. Hohe, spitzbogige Fenster, Holzskulpturen, zwei Weihekreuze und reicher gotischer Freskenschmuck – all das atmet bis heute den Geist des späten Mittelalters. Herausragendstes Ausstattungsstück ist der dreiflügelige Allerheiligenaltar in der Apsis. Er wurde 1449 von Kaiser Friedrich III. gestiftet und zeigt in geöffnetem Zustand, von unbekannter Meisterhand in einem Mix aus niederländischen und böhmischen Einflüssen gemalt, den Gnadenstuhl, umstellt von Aposteln, Engeln, Johannes dem Täufer sowie Himmelschören. Die geschlossenen Flügel offenbaren Märtyrerinnen und Szenen aus dem Marienleben.

Adresse Meranplatz, 8990 Bad Aussee-Zentrum | **ÖPNV** ÖBB Bad Aussee, Postbus 956 bis Haltestelle Meranplatz | **Anfahrt** B 145, Abfahrt Bad Aussee-Zentrum, dem Leitsystem durch den Stadtkern zum Parkplatz Kirchengasse oder Pfarrhof folgen, von dort drei Minuten zu Fuß | **Öffnungszeiten** Juni–Sept. Mo–Sa 10–12 Uhr; Schlüssel bei Renate Haas, Tel. 0676/3939960 | **Tipp** Beachtenswert ist auch der ebenfalls gotische und sehr kunstvolle Flügelaltar von 1480 in der Seitenkapelle. Die bei der Kirchenrestaurierung 1959 entfernten Objekte – historische Messbücher, Bilder, liturgisches Gerät – werden nebenan in einem eigenen Ausstellungsraum gezeigt.

18 Die Hutmacherei Leithner

Gut behütet seit 1532

Natürlich ließe sich als Einstieg trefflich Namedropping betreiben. Welcher Hutmacher kann schon einen Dalai Lama, Arnold Schwarzenegger oder Boris Becker zu seinen Kunden zählen? Naheliegender ist zunächst aber wohl ein Blick in die Historie: Ein halbes Jahrtausend hat sie bald auf dem Buckel, die Manufaktur Leithner, und ihren Standort nie gewechselt. »Seit 1532, original Ausseerhut, eigene Erzeugung«, das bezeugt eine Werbetafel an der Hausfassade. Die Hutmacherei ist damit die älteste in Österreich, wenn nicht in ganz Europa.

Auch Ambiente und Ausstattung der Werkstatt haben sich seit k. u. k. Zeiten kaum verändert. »Ich arbeite mit der Gerätschaft meines Urgroßvaters«, erzählt Alexander Reiter, Chef des Traditionsbetriebes. Tatsächlich finden sich in den Gewölberäumen kaum Maschinen, geschweige denn Hightech: nur ein Dampfkessel, eine altertümliche Walze, ein Bügeleisen. Selbst die Nähmaschine, mit der den fertigen Hüten innen ein Schweißband aus Leder, Filz oder Stretchstoff (nie aus Pappe oder Plastik!) eingenäht und außen Seidenbänder, Kordelschnüre, Gamsbärte oder Auerhahnfedern angefügt werden, ist Baujahr 1890.

Als seinen größten Schatz bezeichnet Reiter seine Sammlung von Aberhunderten aus Lindenholz oder Aluminium gefertigten Modeln. Über sie werden die sogenannten Stumpen, aus Filzwolle vom Schaf oder gewalktem Hasenhaar fabrizierte Rohlinge, gespannt (plattiert), nachdem man sie zuvor mit einem Stärkemittel appretiert und durch erhitzten Wasserdampf formbar gemacht hat. Nach einer Nacht in der Trockenkammer folgen die weiteren Arbeitsschritte. Durch abermaliges Dämpfen und kräftiges Bürsten wird die Oberfläche behandelt und geglättet, hernach der Rand eingefasst, erhält der Hut durch Einbügeln seine endgültige Gestalt. Und auch die Krempe wird, ehe es zwecks finaler Garnierung ab in die Näherei geht, mittels Bügeleisen und feuchtem Tuch fassoniert.

Adresse Bahnhofstraße 129, 8990 Bad Aussee-Zentrum, Tel. 03622/52818, www.ausseer-hut.at | **ÖPNV** ÖBB Bad Aussee, Postbus 955, 956, 957 bis Haltestelle Postamt | **Anfahrt** B 145, Abfahrt Bad Aussee-Zentrum, dem Leitsystem zu den Parkplätzen folgen, zum Beispiel Krautberg oder Pratergasse, von dort zu Fuß | **Öffnungszeiten** Mo–Fr 9.30–12 und 14.30–17 Uhr, Sa 9.30–12 Uhr | **Tipp** Eine Qualitätsadresse für das zum Traditionshut passende textile Outfit ist seit seiner Gründung 1934 das Trachtengeschäft Rastl Gwand auf dem Meranplatz 39 (www.rastl.info).

19 Die Seidenhanddruckerei

Die kleine Wunderwelt der feinen Stoffe

Dort, wo die Bahnhofstraße von Süden kommend zum Stadtzentrum hin abfällt, steht linker Hand ein Haus, das Freunden kostbaren Kunsthandwerks ähnlich wie die Hutmacherei Leithner schräg vis-à-vis ein besonderes Erlebnis verspricht. Über 400 Jahre alt, beherbergt es einen Gewerbebetrieb, der, obzwar bei genauerem Blick vergleichsweise jung, ebenfalls wundersam aus der Zeit gefallen wirkt.

Nur 5.000 Meter Stoff verlassen die »Sepp Wach Seidenhanddruckerei« im Jahr. Für maschinelle Hersteller ein Klacks. Freilich handelt es sich um allerfeinste chinesische Reinseide. »Außerdem«, betont Junior Peter, der den Betrieb seit 2013 offiziell führt, »erfolgen bei uns wirklich alle Arbeitsschritte manuell.« Nicht zufällig beliefert er die Crème de la Crème der Trachtenerzeuger.

Im Erdgeschoss wird verkauft, können Kunden im reichen Sortiment an Meterware, Schals, Tischwäsche, Tüchern und Krawatten stöbern. Interessierte dürfen sich aber auch in der Werkstatt oben umsehen. Wer die steile, schmale Stiege erklimmt, bekommt erst den Kasten mit den Musterfahnen (4.000 insgesamt) gezeigt, dann die Kanister mit den Farbpigmenten, die – rein nach Intuition und Geschmack – angerührt werden, sowie die Holzmodeln mit ihren aus Messingstiften kunstvoll geformten Mustern. Vor allem aber kann man den Fachfrauen über die Schulter schauen und beobachten, wie sie, über die vier Meter langen Drucktische gebeugt, die Stoffe aufspannen, die Modeln auf ein mit Farbe bepinseltes Filzkissen und hernach, penibel gefügt, Viereck neben Viereck auf die Seide drücken.

Gegenwärtig besteht das operative Firmenteam aus Peter Wach, seiner Mutter und vier Druckerinnen. Zu Spitzenzeiten war man zu elft. »Aber«, meint der Chef mit jener sympathisch selbstbewussten Gelassenheit, die auf Effizienzsteigerung und Umsatzrekorde aus Überzeugung pfeift, »wia's jetzt is, is guat. Jeder hat sei Freud.«

Adresse Bahnhofstraße 108, 8990 Bad Aussee-Zentrum, Tel. 03622/52114, www.handdrucke-seppwach.at | ÖPNV ÖBB Bad Aussee, Postbus 955, 956, 957 bis Haltestelle Postamt | Anfahrt B 145, Abfahrt Bad Aussee-Zentrum, dem Leitsystem zu den Parkplätzen folgen, zum Beispiel Krautberg oder Pratergasse, von dort zu Fuß | Öffnungszeiten Mo–Fr 8–12 und 14–18 Uhr, Sa 8–12 Uhr | Tipp Ein weiterer in Bad Aussee beheimateter Qualitätshersteller von Seidenhanddrucken ist die Firma »Handdruck Elfriede Sekyra«. Sie wurde von der Namensgeberin, Sepp Wachs erster Frau, 1981 gegründet und wird mittlerweile von Markus Wach, Peters älterem Halbbruder, geführt.

20 Der Alpengarten

Refugium der Vielfalt und Schönheit

Es ist ja nicht so, dass anderswo im kühlen, regen- und schneereichen Ausseerland ein Mangel an üppiger Vegetation herrschte. Ein mittlerer Jahresniederschlag von 2.000 Millimetern gewährleistet Wäldern und Wiesen, Moosen, Farnen und Blumen allüberall beste Bedingungen. Aber so bunt, dicht und anmutig wie hier auf dem Ischlberg findet man die Flora der Region nirgends sonst arrangiert.

1913 gründete ein evangelischer Pastor auf dem Gelände eines ehemaligen Kalksteinbruchs diesen heute ältesten Alpengarten der Steiermark. Nach dem Ersten Weltkrieg wurde er von versehrten Veteranen betreut. 1959 übernahm die Stadt Finanzierung und Betrieb des nunmehr touristischen Schaugartens, um dessen Blühen und Gedeihen sich seit Mitte der 1990er Jahre das Ehepaar Anna und Thomas Steiner kümmert.

Mittlerweile haben auf dem 12.000 Quadratmeter großen Areal mehr als 2.000 verschiedene Gewächse Wurzeln geschlagen. Den Schwerpunkt bilden heimische Wildpflanzen, doch gedeiht auch eine Vielzahl von Arten aus dem gesamten Alpenbogen und aus außereuropäischen Gebirgsregionen. Zusätzlich haben die Steiners, die beide an der Wiener Uni für Bodenkultur studierten und sich aus aller Welt regelmäßig neue exotische Samen, Stecklinge und Jungpflanzen besorgen, diverse Themenbereiche angelegt. So stapft man zwischen Spätfrühling und Frühherbst auf verschlungenen Kieswegen und Natursteintreppen nicht nur durch ein mit regionaltypischen Blumen – von Schwertlilien und Enzian bis zu Herbstastern und Frauenschuh – bestücktes Blütenmeer. Man stößt auch auf geheimnisvolle Gift- und Zauberpflanzen, seltene Orchideen und Farne, Heilpflanzen und aromatisches Wildobst. Dank der detailreichen Schautafeln lernt man dabei viel Faktisches über Flora und Fauna, Biodiversität und Artenschutz und wird für die Funktion solcher Anlagen als Refugien und (Gen-)Reservoirs für seltene und bedrohte Spezies sensibilisiert.

Adresse Ischlbergstraße 67, 8990 Bad Aussee-Ischlberg, Tel. 0676/83622543, www.neza.at | ÖPNV ÖBB Bad Aussee, Postbus 952 bis Haltestelle Alpengarten; mit dem Narzissenjet bis direkt vor den Alpengarten, zu Fuß circa 45 Minuten vom Ortszentrum | Anfahrt von Bad Aussee auf der B 145 Richtung Bad Ischl, nach circa zwei Kilometern, kurz nach dem Abzweig nach Altaussee, links auf den Ischlberg | Öffnungszeiten Mai–Sept täglich 8–18 Uhr gegen Eintritt, Okt.–April Zutritt gratis | Tipp In dem Holzhäuschen am Westrand des Geländes werden, saisonal wechselnd, Fotoausstellungen zu Themen wie Bienen, Fliegen oder Lebensraum Wiese gezeigt. Oberhalb der Schaubienenstöcke, an der Felswand, erinnert eine steinerne Tafel an die nach 1918 den Garten betreuenden Kriegsveteranen.

21 Die Lebzelterei

Im süßen Reich des Hugo Rubenbauer

In der Adventszeit, speziell zu Nikolo und kurz vor Weihnachten, ist bei ihm, wenig verwunderlich, die Hölle los. Markante Umsatzzacken nach oben bringen auch Kirtag und Narzissenfest. Doch auch während des restlichen Jahres kann Hugo Rubenbauer über den Geschäftsgang keineswegs klagen. Denn viele Urlauber der Region nutzen die Gelegenheit, bei seinem Shop oben an der Pötschenstraße für ein süßes Mitbringsel zu halten und dabei auch einen Blick in die geschäftige Backstube gleich nebenan zu werfen. Lebkuchen, zumal solcher aus dem Ausseerland, ist eben zeitlos begehrt. Und das seit mehr als 400 Jahren.

Als Pionier der Branche verzeichnet das örtliche Bürgerbuch 1584 einen gewissen Timotheus Prunner. Der freilich wurde, weil unbeugsamer Protestant, alsbald zum Verlassen seiner Heimat gezwungen. Eine prägende Lebzelter-Dynastie waren wenig später die Gaiswinklers. Aus ihrer Werkstätte stammt das mit 1660 älteste datierte Model der Steiermark. Damals pflegten Lebzelter, die traditionell mit Wachsziehern und Imkern eine Berufsgruppe bilden, ihren eigenen Honig zu erzeugen und auch selbst aus Birnenholz kunstvolle Modeln zu schnitzen.

Hugo Rubenbauer, heute unbestrittener Doyen seines Metiers, übernahm den Betrieb – im Verbund mit der berühmten gleichnamigen Kurhauskonditorei – 1972, nachdem diese das Geschäft ihrerseits 90 Jahre lang betrieben hatte, von der Familie Lewandofsky. Die Grundzutaten, nämlich Roggenmehl, Nüsse, Früchte und Gewürze, allen voran Zimt, Anis und Nelke, sowie Honig (von dem er mit seinen mehr als zwei Dutzend Mitarbeitern pro Jahr 20 Tonnen verarbeitet), sind die gleichen wie immer schon. Seine Produktpalette allerdings umfasst mittlerweile an die 40 verschiedene Sorten. Nicht nötig zu betonen, dass sie, sieht man vom Anrühren ab, allesamt weiterhin ausnahmslos in reiner Handarbeit entstehen.

Adresse Pötschenstraße 146, 8990 Bad Aussee-Reitern, Tel. 03622/52943, www.lebkuchen.at | ÖPNV ÖBB Bad Aussee, Postbus Linie 952 bis Haltestelle Narzissenbad | Anfahrt auf der Pötschenstraße von Bad Aussee kommend 400 Meter nach dem Abzweig ins Stadtzentrum an der Straße rechts | Öffnungszeiten Di–So 8–18 Uhr, Eintritt frei | Tipp Unter dem Dach der Lebzelterei laden auch ein gepflegtes Grill-Restaurant und ein Panorama-Café samt Konditorei zur Einkehr. Und in einer Galerie kann man eine Sammlung originaler Gemälde des namhaften Ausseer Malers Hugo Cordignano, des aus Italien stammenden Vaters des Firmenchefs Hugo Rubenbauer, bewundern.

22 Der Nikolaus-Lenau-Hügel

Landschaftsidyll aus dem Biedermeier

Alles begann, lässt sich rückblickend wohl sagen, im Jahr 1847 mit Joseph Christian Freiherr von Zedlitz. Indem sich der Dichter, ein Freund Grillparzers und Eichendorffs, damals ein Grundstück am Ufer des Altausseer Sees kaufte und darauf ein Ferienhaus baute, läutete er die Entwicklung des Dorfes zum Treffpunkt illustrer Gäste aus der Wiener Gesellschaft ein. Einer von diesen schwärmte nachträglich von einer »wahrhaften Idylle [...] Frische Wiesen, ein malerischer See, tiefe Schatten [...] Es ist ein Traum, oder besser gesagt, ein Märchen auf dem Boden der Wirklichkeit.« So berauschend waren die Berichte, dass der Strom auch der Künstler rapide anschwoll. Und als 1864 die Familie des späteren deutschen Reichskanzlers Hohenlohe ein Anwesen (Altaussee Nummer 1) erwarb, folgten in ihrem Windschatten zudem diverse Herrschaften von blauem Blute und bauten sich repräsentative Villen.

Ungleich bescheidener trat einer der frühen Gäste auf: Nikolaus Lenau – Österreichs größter lyrischer Dichter des 19. Jahrhunderts und zentraler Repräsentant des Biedermeier. Im Ausseerischen geurlaubt hat Lenau, der eigentlich Nikolaus Niembsch Edler von Strehlenau hieß, in den Jahren 1839 bis 1841, also kurz bevor er für den Rest seiner allzu kurz bemessenen Erdenzeit geistiger Umnachtung anheimfiel. In einem Brief an seine damalige Dame des Herzens rapportierte er: »Aussee bleibt mir das Schönste. Gestern tat ich einen Spaziergang, den ich nie vergessen werde.«

Dass ein Poet von seiner Feinnervigkeit und Neigung zur Schwermut durch so »unerschöpfliche Schönheit« nachhaltig berückt war, ist leicht zu verstehen. Und nur allzu verständlich ist auch, dass er just jenen Wiesenrücken zu seinem unstreitigen Lieblingsplatz erkor, von dem aus man einen geradezu unanständig prächtig-direkten Blick sowohl auf den Loser als auch auf den Dachstein genießt.

Adresse 8990 Bad Aussee-Reitern | ÖPNV ÖBB Bad Aussee, Postbus 952 bis Haltestelle Lenauhügel | Anfahrt auf der Pötschenstraße von Bad Aussee kommend kurz nach dem Lotus-Museum links in die Nikolaus-Lenauhügel-Gasse abzweigen, nach circa 300 Metern parken und zwischen den Häusern rechts über die Wiese hinaufgehen; Hügel zu Fuß etwa 400 Meter östlich der Abzweigung nach Altaussee auch direkt von der Hauptstraße über einen kurzen Wiesenweg erreichbar | Öffnungszeiten ganzjährig frei zugänglich | Tipp Lohnenswert ist der Libellenweg, ein circa einstündiger Rundlehrpfad, der vom Alpengarten (siehe Ort 20) zum Sommersbergsee führt. Er ist von Letzterem zu einer mittelschweren, etwa dreistündigen Wanderung zum Ortsteil Sarstein erweiterbar.

23 Der Krippenschnitzer

In der Werkstatt von Werner Egger

Gelernt hat er Bürokaufmann, gearbeitet hat er sein Leben lang in einer Bank. Seiner wahren Leidenschaft frönt er jetzt, in der Pension. Das Tischlern und Schnitzen habe er sich in Eigenregie beigebracht, für den Feinschliff dann aber doch in einem vierjährigen Lehrgang an der Krippenbauschule im salzburgischen Grödig den Meister gemacht, erzählt Werner Egger.

In seinem kleinen Museum präsentiert der sanftmütige Mann Besuchern leuchtenden Auges Krippen in diversen Versionen: ländliche »wie bei uns dahoam«, mit bäuerlichem Personal und älpischem Ambiente, orientalische mit Turbanen und Kamelen und auch sogenannte Stilkrippen, klassisch auf Maria, Josef, Jesus und die Heiligen Drei Könige in einer Höhle oder Tempelruine reduziert. Begonnen hat er sein zeitintensives Hobby 2007 und in der direkt angrenzenden Werkstatt seither über ein Dutzend Krippen gebaut. Inzwischen malt er eigenhändig auch die Hintergründe und schnitzt die meisten Figuren. Als Material verwendet er am liebsten das kurzfasrige Zirbenholz, für Landschafts- und Architekturkulisse den Dämmstoff Styrodur, den er mit Fliesenkleber überspachtelt und mit Farben bemalt. Auch die »Botanik«, kleine Wurzeln, Flechten, knorrige Ästchen, sammelt er in freier Natur selbst. Und neuerdings fertigt er, anfangs grob mit der Kettensäge, im Anschluss wie gewohnt mit Stechbeitel und Stemmeisen, auch lebensgroße Figuren. Sein visionäres Projekt für die nächsten Jahre: der Bau einer zwei Meter großen Ausseer Krippe mit historischen Häusern im Maßstab 1:25.

Ach ja, und Masken schnitzt der Werner ebenfalls – für Nikolos und Krampusse sowie die im Fasching durch die Straßen lärmenden Trommelweiber. Und für die Organisation der »Berge in Flammen«, der allsommerlichen Illumination des nächtlichen Altausseer Sees samt umliegenden Felswänden, war er auch viele Jahre verantwortlich. Aber das wäre eine andere Geschichte …

Adresse Voglbichlgasse 33, 8990 Bad Aussee-Reitern, Tel. 0664/5273551 | **ÖPNV** ÖBB Bad Aussee, Postbus 952 bis Haltestelle Alpengarten | **Anfahrt** von Bad Aussee auf der B 145 Richtung Bad Ischl, kurz vor dem Abzweig nach Altaussee in das Gässchen links | **Öffnungszeiten** Besichtigung von Schauraum und Werkstatt nach Voranmeldung; Krippenschnitzkurse Mitte Sept. – Ende Nov., Krampusschnitzen für Kinder in der ersten Sommerferienwoche, Präsentation der dabei gefertigten Werke jeweils am ersten Adventswochenende im Ausflugsgasthaus Blaa-Alm (www.willkommeninaltaussee.at) | **Tipp** Nicht nur, aber vor allem in der kalten Jahreszeit leib- und seelewärmend ist der Besuch im nahen Narzissen Vital Resort und Solebad (Pötschenstraße 172, www.vitalresort.at).

24 Das Lotus-Museum

Das Lebenswerk des Josef Loitzl

Es gibt auf der Welt unzählige Museen, die ob ihrer Makellosigkeit beeindrucken. Von öffentlichen Einrichtungen oder betuchten Privatstiftungen finanziert und von Profi-Didaktikern gestaltet, erfüllen sie wissenschaftliche Ansprüche, gefallen dem Bildungsbürger, wirken aber oft eher klinisch steril. Und dann gibt es Museen, denen der Enthusiasmus ihrer Betreiber gleichsam aus allen Poren dringt. Wer Josef und Angelika Loitzls Reich an der Pötschenstraße betritt, merkt sofort: Dieses Haus zählt zur zweiten Kategorie. Wobei sich hier der Idealismus mit hohem Sachverstand und einem Händchen für fachgemäße Präsentation paart.

An die 20 Fahrzeuge des Herstellers aus dem ostenglischen Norwich stehen auf mehrere Hallen verteilt in diesem europaweit einzigen der Marke Lotus gewidmeten Automobilmuseum – ob Eclat, Elise, Esprit, Excel, Super 7 oder Europa, gar nicht zu reden von den diversen Formelwagen und dem Formel-1-Showcar. Sämtliche Modelle zeugen noch von einer Zeit, da nicht mit Kunststoff und Elektronik bepackte Autoklone ohne Seele, sondern von Individualisten designte Karosserien mit sinnlichen Kurven die Straßen bevölkerten. Klar schmerzt es den Hausherrn, dass die Traditionsfirma seines Herzens schon 1986 von General Motors, 2012 dann von der malaysischen Proton und 2017 schließlich vom chinesischen Geely-Konzern übernommen wurde.

Vom Fieber der Begeisterung für Lotus im Allgemeinen und für Colin Chapman, den Gründer der Rennsportmarke, im Speziellen infiziert wurde Josef Loitzl bereits im Bubenalter. Jahrgang 1957, begann er früh, alle verfügbaren Berichte und auch Modellautos zu sammeln. Von Letzteren stehen heute 1.200 Stück säuberlich gereiht in den Museumsvitrinen. Die Wände sind gepflastert mit Erinnerungsfotos und Postern diverser Heroen des Rennstalls und ihrer Boliden, ein spezielles Gedenk-Eck ist Formel-1-Weltmeister Jochen Rindt gewidmet.

Adresse Pötschenstraße 11, 8990 Bad Aussee-Reitern, Tel. 0664/2144824, www.clublotus.at | ÖPNV ÖBB Bad Aussee, Postbus 952 bis Haltestelle Lenauhügel | Anfahrt auf der Pötschenstraße von Bad Aussee kommend circa 500 Meter nach dem Lebkuchen-Laden linker Hand, Parkplatz vor dem Eingang | Öffnungszeiten ganzjährig täglich 9–17 Uhr (Änderungen möglich, vorheriger Anruf erbeten) | Tipp Für Liebhaber spannend: Der 1989 gegründete, inzwischen 140 Mitglieder zählende Club Lotus Austria organisiert regelmäßig Ausfahrten, darunter die inzwischen traditionelle Bergtrophy auf den Loser und eine Salzkammergut-Seenfahrt.

25_Die Wasnerin

Literaturhotel mit langer Geschichte

Die Lage allein ist phänomenal: auf dem weiten Wiesenrücken namens Lerchenreither Plateau, 150 Höhenmeter über dem Stadtzentrum. Im Hintergrund: Felswände, Wald, so weit das Auge reicht. Und über allem wachend und ganzjährig in Eis gehüllt, zackig-schroff und mittlerweile dennoch für jedermann nahbar: Seine Majestät, der (Fast-)Dreitausender Dachstein. Man ist versucht, abgeklärte Globetrotter für zwölf Stunden in einen fensterlosen Flugsimulator zu stecken. Wetten, Sie würden nach ihrem fiktiven Langstreckenflug diesem entsteigend beim Anblick des Panoramas die Pracht der Rockies oder Anden preisen?

So erstaunlich wie ihr Standort sind die Geschichte der Wasnerin und der Geist, der heute noch in ihr wohnt. Der Name des berühmten Hauses – er wurzelt im mittelhochdeutschen Wort »wase«, der grasbewachsenen Erdfläche – lässt sich urkundlich bis 1474 zurückverfolgen. Der erste Bau befand sich auf dem Gelände des heutigen Golfplatzes und diente bereits als Wirtshaus für Fuhrleute. Für den 1866 erfolgten Neubau erwirkte man die k. u. k. Lizenz eines bürgerlichen »Gasthauses mit Bier und Branntweinausschank«. Und als Aussee wenig später zum Kurort aufstieg, avancierte die Adresse zum gehobenen Domizil für Sommerfrischler, ihr »Kaffeesalon« zum Treffpunkt der Wiener Prominenz aus Adel, Großbürgertum und Kunst.

Hofmannsthal und Schnitzler, Wassermann, Bahr und Torberg – alle waren sie hier zu Gast. Solch geistige Aura verpflichtet: Die heutigen Gastgeber, Petra und Davor Barta, führen das Haus als ausgewiesenes Literaturhotel, mit einer gut bestückten Bibliothek, einem Hotel-Buchshop, ruhigen Rückzugsplätzen für Lesende und einem »Alpen-Worte-Garten«. Als Betthupferl liegen auf dem Kopfkissen anstatt Süßem Leseproben. Und das ganze Jahre über bekommen Gäste neben Vier-Sterne-Komfort, Gourmetküche und Wellness-Spa Lesungen junger und arrivierter Literaten geboten.

Adresse Sommersbergseestraße 19, 8990 Bad Aussee-Reitern, Tel. 03622/52108, www.diewasnerin.at | **ÖPNV** ÖBB Bad Aussee, Postbus 952 bis Haltestelle Wasnerin | **Anfahrt** B 145, beim Landeskrankenhaus links abzweigen Richtung Sommersbergsee | **Öffnungszeiten** ganzjährig | **Tipp** An einem langen Wochenende, meist im Frühjahr, organisieren die buchstabenbegeisterten Betreiber das mit Schriftstellern aus dem In- und Ausland hochkarätig besetzte »Wortfestival Literasee«.

26 Die Lederhosenwerkstatt

Zu Besuch bei Meister Christian Raich

Sein Arbeitszimmer misst keine zehn Quadratmeter und verströmt die selten gewordene Behaglichkeit eines Eilands im Zeitenstrom: zwei schmale Holztische, zwei Hocker, ein Kasten, ein Öfelchen. An den Wänden: Schnittmuster aus Packpapier, ein paar Krickel und Geweihe. Rundum verstreut: Lederstücke in diversen Stadien der Verarbeitung, dazu Scheren, Zängelchen, Fingerhüte, Maßbänder, Lineale, Spulen mit Zwirn- und Seidenfäden sowie Bügeleisen und eine Singer Nähmaschine, beide aus anno irgendwann. Auch der Meister selbst, wie er da mit konzentriertem Blick sitzt, Nadel und Faden in der Hand, das zu vernähende Leder auf einem Brett über dem Schoß – eine herrlich nostalgisch stimmende Erscheinung. »Mein Handwerk«, erklärt er, »hat sich seit Jahrhunderten nicht groß verändert. Zu mir kommen nur Kunden, die eine Lederhose als robustes, funktionelles Beinkleid schätzen, nicht als modisch-zeitgeistiges Accessoire.«

Das Säcklerhandwerk hat Christian Raich bei seinem legendären Opa Herbert erlernt. Der weihte ihn ab dem Bubenalter Schritt um Schritt in alle Geheimnisse und Handgriffe ein: von der rechten Auswahl des Rohmaterials (nur Sommerfelle von Gämsen oder Rothirschen aus Hochgebirgsrevieren!) über das Verkleben der Schnittteile (mit Leim aus aufgekochtem Roggenmehl), das Verklopfen der Nähte mit der Wendspindel, das Schlagen der Löcher für die Knöpfe (stets aus geschliffenem Horn), das Auftragen der Stickmuster mit Kreidestaub und einer in Gummi arabicum getauchten Gänsefeder bis zum Präparieren des Nähfadens aus Baumwollzwirn mit Bienenwachs.

Stolze Besitzer einer Raich'schen Krachledernen in spe benötigen übrigens Engelsgeduld: Denn im Objekt ihrer Begierde stecken 40 bis 100 Handarbeitsstunden. Um die 30 Hosen schafft der Meister im Jahr. Die Wartezeit vom ersten Vorstelligwerden und Maßnehmen bis zum Erhalt des fertigen edlen Stückes beträgt zwölf bis 36 Monate.

Adresse Altausseer Straße 59, 8990 Bad Aussee-Praunfalk, Tel. 03622/52260 | **ÖPNV** ÖBB Bad Aussee, Postbus 955 bis Haltestelle Praunfalkgasse | **Anfahrt** B 145, Abfahrt Bad Aussee-Zentrum, beim Kurhausplatz links, Ischlerstraße vor Flussbrücke rechts Richtung Altaussee | **Öffnungszeiten** Termine nach Vereinbarung | **Tipp** Ein kleines Stück stadtauswärts stehen rechter Hand zwei Schlüsselgebäude aus der Gründerzeit dieses Villenviertels namens Praunfalk: die Hürsch-Villa, steinerne Protagonistin in Erfolgsautor Alfred Komareks gleichnamigem Daniel-Käfer-Roman (am Hürsch-Weg), und die von Bad Aussees erstem Kurarzt, Dr. Josef Schreiber, erbaute »Bade-Anstalt Hotel Elisabeth« (Altausseer Straße 95).

27_Die Oase Berta

Ein inklusives Garten- und Sozialprojekt

Der Grundgedanke des Projekts war von Anfang an die soziale Inklusion – schon als Berta Köberl, eine betagte Anrainerin, 1999 der Lebenshilfe das 1,6 Hektar große Grundstück in herrlicher Sonnenlage mit Dachsteinblick zum Geschenk machte. Heute wäre die freigebige Frau, die »den armen Kinderln mehr Licht ins Leben zu bringen« hoffte, mit dem Geschaffenen wohl hochzufrieden: Denn ganz im Sinne der Spenderin ist das 2007 fertiggestellte »Erholungsparadies Berta« wirklich für alle Menschen zugänglich und tut ihnen wohl.

Im Zentrum steht das von der Lebenshilfe, einer österreichweit aktiven Einrichtung zur Unterstützung von Menschen mit geistiger Behinderung, betriebene Projekt. Gut 40 »Klienten« werden hier tagsüber betreut, können nach Herzenslust gärteln und sich in Werkstätten kreativ betätigen. Für auswärtige Gäste sehenswert ist der angeschlossene, ursprünglich nach dem Konzept der Permakultur gestaltete Garten. In dem Kofferwort steckt der englische Begriff »permanent (agri)culture«. Er meint eine strikt ökologische Bewirtschaftung nach dem Prinzip der zyklischen Nachhaltigkeit. In der Praxis bedeutet das zum Beispiel das Gebot, weder Saatgut noch Dünger zuzukaufen, sondern Ersteres selbst zu ziehen und Zweiteren durch Kompostierung vor Ort zu erzeugen. Bewusst berücksichtigt werden auf engstem Raum Mikroklimata etwa in Form von »Sonnenfallen« für wärmeliebende Pflanzen oder »Anbauspiralen« mit ihrer Vielfalt an sonnigen trockenen und schattigen feuchten Zonen sowie diverse Böden, von kiesig-sandig bis humusreich. Neben Gemüse- und Blumenbeeten, einem Obstgarten und Beerensträuchern gibt es – alles in Eigenregie gezimmert – ein Glashaus zum Anzüchten von Setzlingen, eine solarbeheizte Anlage zum Trocknen von Kräutern, einen Teich samt Holzpavillon zum Chillen … Und als Therapietiere auf eigens eingezäuntem Gelände vier streichelweiche, schnuckelige Alpakas.

Adresse Sigmund-Freud-Straße 222, 8990 Bad Aussee-Obertressen, Tel. 03622/54245, www.oase-berta.at | **ÖPNV** ÖBB Bad Aussee, Postbus 955, 956, 957 bis Haltestelle Postamt, vom Chlumeckyplatz über Haslauer- und Sigmund-Freud-Straße hinauf nach Obertressen; alternativ: Bus 8611 bis Haltestelle Gasthaus Stieger | **Anfahrt** B 145, Abfahrt Bad Aussee-Zentrum, von dort den oben genannten Straßen folgen | **Öffnungszeiten** Garten ganzjährig rund um die Uhr frei zugänglich | **Tipp** Der Oase Berta angeschlossen ist ein Hotelbetrieb mit zwölf Panorama-Appartements samt Spa, Frühstücks- und Halbpension. An der Rezeption kann man die liebevoll hergestellten Handwerks- und Gartenprodukte, etwa Marmeladen, Sirupe, Liköre, Kräutersalze und diverse Holzprodukte kaufen.
Im Bild: Wolfgang Wilpernig, Mitarbeiter der ersten Stunde, vor der von ihm gestalteten Kräuterspirale.

28 Die Hofmannsthal-Linde

Ein Baum, der Bühnengeschichte schrieb

Kunstfreunde bekommen bei der Vorstellung wohl glänzende Augen: eine Holzbank auf einer Wiese, denkbar schlicht gezimmert aus zwei Brettern zum Sitzen, zwei weiteren zum Anlehnen – ein herrlich unmodisches Aussichtsbankerl wie Abertausende andere im Wanderparadies Salzkammergut. Doch eingeschnitzt in das verwitterte Sitzmöbel ist ein Name, der dem Ort sublime Geistigkeit verleiht. Denn kein Geringerer als Hugo von Hofmannsthal pflegte hier viele Sommer lang regelmäßig auf seinem bevorzugten Spaziergang hinauf zum »Bärnmoos« mit Blick auf den Dachstein Ruhe und Kraft zu tanken. Und Inspiration.

Es ist davon auszugehen, dass ihn die spezielle Natur dieses Platzes im Schatten der damals schon mächtigen Linde bei der Arbeit auf manch wegweisende Ideen brachte. Im Ausseerland entwarf der Dichter aus Wien, der auch zu den Gründungsvätern der Salzburger Festspiele zählt, während zahlreicher Sommerfrischen, die er oft bis weit in den Spätherbst hinein ausdehnte, seine wichtigsten Sprechstücke – »Der Schwierige«, »Der Unbestechliche«, »Der Turm«, »Jedermann«. Auch die Libretti zu etlichen Richard-Strauss-Opern wie »Der Rosenkavalier«, »Ariadne auf Naxos«, »Frau ohne Schatten« entstanden hier.

Erstmals besucht hatte Hofmannsthal diese Landschaft seines Lebens im Alter von 20 Jahren und Altaussee – unter dem Pseudonym »Loris« – bereits 1896 in der Erzählung »Das Dorf im Gebirge« literarisch verewigt. Jenes frühe Prosastück, das die Anfänge des örtlichen Fremdenverkehrs schildert, erschien im »Simplicissimus« unter dem Redakteur Jakob Wassermann. Dieser hatte sich 1919 dauerhaft am Fuß des Loser angesiedelt (siehe Ort 46) und zählte in der Folge neben Arthur Schnitzler, Richard Beer-Hofmann, Egon Wellesz und Leopold von Andrian zu jenem Kreis von Künstlern, mit denen sich Hofmannsthal während der Altausseer Sommer regelmäßig zum freundschaftlichen Austausch traf.

Adresse 8990 Bad Aussee-Obertressen | ÖPNV ÖBB Bad Aussee, Postbus 955, 956, 957 bis Haltestelle Postamt, vom Chlumeckyplatz über Haslauer- und Sigmund-Freud-Straße hinauf nach Obertressen; alternativ: Bus 8611 bis Haltestelle Gasthof Stieger, circa 300 Meter westlich der Oase Berta über einen Wiesenweg hinauf zu Bank und Baum | Anfahrt B 145, Abfahrt Bad Aussee-Zentrum, von dort weiter zu Fuß | Tipp Hofmannsthal wohnte ab 1908 zehn Sommer lang in Obertressen 14, heute Gasthaus Stieger, danach bis 1928 in Obertressen 6, Haus »Rabenkropf«. An beiden Häusern finden sich Gedenktafeln. Im nahen Schloss Ramgut hatte ihm Baron Oppenheimer einen Arbeitsraum eingerichtet.

29 Die Tressensteinwarte

Aussichtsturm mit 360-Grad-Panorama

Der Aufstieg aus dem Tal ist, egal ob von Altaussee, Ober- oder Untertressen, durchaus kein Spaziergang. Sein streckenweise steiniger, von Wurzelwerk durchzogener Boden erweist sich vor allem bei Nässe und herbstlichem Blätterbelag als recht rutschig.

Was zählen freilich solch kleine Mühsale angesichts der Aussicht am Ziel? »Der Wanderer, welcher zu dieser Höhe emporsteigt«, schwärmte ein Autor der Alpenpost schon vor gut 100 Jahren, »genießt freudetrunkenen Auges und bewegten Herzens einen herrlichen Rundblick.« Die beiden Seen und Bad Aussee, ringsum eingerahmt von sattgrünen Wiesen und Wäldern, Dachstein, Totem Gebirge, den Bergen des Oberen Ennstals … Anmutiger kann eine Landschaft einem nicht zu Füßen liegen.

Die Qualität des 1.200 Meter hohen Tressensteins als Panoramapunkt und nicht zuletzt seine durchlauchtigste Lobpreisung durch Kaiserin Sisi bewogen die Ausseer bereits Anfang des 20. Jahrhunderts, auf seinem Gipfel eine Aussichtswarte zu bauen. Sie war eine gemeinnützige Unternehmung des regionalen Alpenvereins, maß stolze 24 Meter und wurde 1907 mit Pomp und Trara eröffnet. Doch bald stahl jemand das kupferne Kabel des Blitzableiters. Schwerer Blitzschlag und Vandalismus beschädigten den Holzturm. 1952 wurde seine Ruine gesprengt und – inzwischen beförderte ein Sessellift (der 1957 allerdings mangels Rentabilität wieder demontiert wurde) Ausflügler vom Talort Aschau auf den Sattel – durch eine neue Warte ersetzt. Sie musste ihrerseits 1968 dem Bau des bis heute bestehenden rot-weiß-roten ORF-Sendemastes weichen. Die jetzige Konstruktion schließlich wurde, unterstützt von EU, Bundesforsten, öffentlicher und privater Hand, 2013 errichtet. Aus vier Etagen aus Lärchenholz gezimmert und an der Giebelspitze 15 Meter hoch, lockt sie, weithin sichtbar und des Nachts stimmungsvoll pagodenhaft illuminiert, zu aussichtsreicher Besteigung.

Adresse 8990 Bad Aussee-Obertressen | **Anfahrt** über das Verbindungssträßchen zwischen Obertressen und Grundlsee, Abzweig im Ortsteil Mosern, weiter auf dem Sattelweg noch gut zwei Kilometer bis zum gebührenpflichtigen Parkplatz, Aufstieg von dort über 200 Höhenmeter circa 40 Minuten, vom Tal circa 90 Minuten; festes Schuhwerk ratsam | **Öffnungszeiten** Warte ganzjährig rund um die Uhr frei zugänglich | **Tipp** Ein aussichtsreicher Weg führt von der Pfarrkirche der Gemeinde Grundlsee, weitgehend flach und stets mit Panoramablick auf den gleichnamigen See, über ein Fahrsträßchen und später Wiesen ostwärts bis zum Ortsteil Gaiswinkl.

30 Das Grab Rudolf Forsters

Erinnerung an einen Starmimen

Sein Grab befindet sich nur ein paar Schritte vom Eingang des Friedhofs von Bad Aussee rechter Hand. »Familie Rudolf Forster« steht in schlichten Lettern auf das schmiedeeiserne Kreuz gepinselt. Im Sommer ist der Schriftzug, umrahmt von zwei Thujen, halb hinter Rosenranken verborgen und erst bei genauerem Hinsehen zu finden.

Rudolf Forster. Der Ruhm dieses Namens mag inzwischen ähnlich verblichen sein wie die sterblichen Überreste seines einstigen Fan-Publikums. Doch als Ausgangspunkt für einen nostalgischen Streifzug in memoriam an jene Starschauspieler deutscher Zunge, die in der Zwischen- und Nachkriegszeit im Ausseerland urlaubten, eignet sich sein Grab gut.

Forster, ein gebürtiger Steirer, machte nach seiner Ausbildung und ersten Praxiserfahrungen in Wien in den 1920er Jahren eine steile Karriere auf den Bühnen Berlins, vor allem an Max Reinhardts »Deutschem Theater«. Dabei reüssierte er, bevorzugt als hoher Offizier, charmanter Aristokrat oder Gentleman im Frackmantel mit seidenem Halstuch und Zylinder besetzt, als Hauptdarsteller unter anderem in Werken Strindbergs, Sternheims und Shakespeares. Parallel arbeitete er intensiv vor der Kamera, spielte zwischen 1919 und 1969 gemeinsam mit unzähligen anderen Größen der Branche in insgesamt 84 Stumm- und Tonfilmen. 1940 mimte er, soeben von einem kurzzeitigen Engagement am Broadway nach Deutschland zurückgekehrt, in dem Propagandastreifen »Wien 1910« den berühmt-berüchtigten antisemitischen Bürgermeister Karl Lueger. Eine seiner subtilsten Rollen war die des Mackie Messer in der von Georg Wilhelm Pabst für die Leinwand inszenierten »Dreigroschenoper«. Als »charmanten Grandseigneur der alten Schule, der in Werken der Filmkunst und in Schmonzetten mit derselben Überlegenheit und Distanz brillierte«, charakterisierte ihn ein Kritiker, nachdem er 84-jährig 1968 in seinem Domizil in Bad Aussee verstorben war.

Adresse Grundlseer Straße 75, 8990 Bad Aussee-Vorwerk | **ÖPNV** ÖBB Bad Aussee, Postbus 956 bis Haltestelle Friedhof | **Anfahrt** B 145 Abfahrt Bad Aussee-Zentrum, Wegweisern nordostwärts nach Grundlsee folgen, Parkplatz am Friedhofseingang | **Öffnungszeiten** tagsüber immer frei zugänglich | **Tipp** Als bevorzugter Rückzugsort vieler bei den Salzburger Festspielen tätiger Künstler war und ist das Ausseerland auch Wahlheimat zahlreicher Schauspielstars. Die Idylle des nahen Grundlsees genossen während langer Sommeraufenthalte unter anderen Paula Wessely und Attila Hörbiger, Axel von Ambesser, das Ehepaar Elfe Gerhart und Paul Dahlke, Johannes »Jopie« Heesters sowie, an der Via Artis eigens mit Tafeln ausgewiesen, die Burgmimen Josef Kainz, Ludwig Gabillon und Romuald Pekny (siehe Ort 84).

31 Das Puch-Museum

Die Zweirad-Sammlung des Roland Hillbrand

Cobra, Condor, M50 Cross, Maxi, Monza, MC, MS oder MV 50 … Wenn Roland Hillbrand die Modelle seiner Zweirad-Sammlung Besuchern präsentiert, schwingen unverhohlen Freude und Stolz in seiner Stimme. Und wenn er auch noch diverse Spezialausführungen einzelner Baureihen erläutert, Kürzel wie K (für Kickstarter), F (Fußschaltung) oder DS (Doppelsitzer) zum Beispiel, schalten seine Augen auf Dauerleuchten.

»Kleines, feines Puch-Museum« – lädt ein Schild am Eingang des Holzhäuschens ein. Und fein ist das, was der gelernte Kfz-Mechaniker darin seit der Jahrtausendwende zusammengetragen hat, ohne Zweifel: An die vier Dutzend Mopeds und Mofas des legendären Grazer Herstellers Steyr-Daimler-Puch parken da dicht an dicht oder baumeln von der Decke. Dazu passend besitzt Roland, der in seiner angrenzenden Werkstatt jedes Stück von A bis Z eigenhändig auf Hochglanz restauriert hat, einschlägige Ersatzteile, Reparaturanleitungen, Schaltpläne, Werbekataloge – die Ernte ungezählter Stunden auf Flohmärkten und Internetforen. Auch einen dreirädrigen Kabinenroller, die vor gut 50 Jahren als eines der allerersten Invalidenfahrzeuge gebaute »Knatterkugel«, nennt er sein Eigen, zudem mehrere Mofas Marke Maxi sowie eine DS 50 – ihres Zeichens der Volkswagen unter den Puch-Zweirädern, von der man zwischen den späten 1950er Jahren und frühen 1980er Jahren fast 300.000 Exemplare produzierte. Als sein Schmuckstück, »den Ferrari«, rühmt Roland jene VS 50 Sport, mit der seinerzeit auch der spätere Formel-1-Weltmeister Jochen Rindt in Bad Aussee umherdüste und für die man heute 8.000 Euro berappt. Ihn selbst, lächelt er nostalgisch, habe die Leidenschaft für »Kleinmotorräder« bereits 1986 gepackt, als er, gerade 15-jährig, seine Lehre begann. Seine erste Liebe: eine – was sonst? – Puch, Modell Cobra, knallrot, mit sechs Gängen, offizielle Höchstleistung bei 6,25 PS, heiße 83,7 Kilometer pro Stunde.

Adresse Ziegelweg 83, 8990 Bad Aussee-Reith, Tel. 0660/6153098, www.rolis-zweiradklinik.at | **ÖPNV** ÖBB Bad Aussee, Postbus 956 bis Haltestelle Gallhof Staud'n-wirt | **Anfahrt** B 145 Abfahrt Bad Aussee-Zentrum, Wegweisern nordostwärts nach Grundlsee folgen | **Öffnungszeiten** entsprechend der Büro- und Werkstattzeiten der zugehörigen »Zweiradklinik« Mo–Fr 7–18 Uhr, Besuch auch an Wochenenden nach telefonischer Anmeldung möglich | **Tipp** Eine für ihre feine Hausmannskost weithin bekannte Kalorientankstelle ist der an der Grundlseer Straße direkt gegenüber dem Puch-Museum gelegene Landgasthof Staud'nwirt (Küche Sa, So, Feiertage ganztags, Mo, Di, Do, Fr 16–20 Uhr, www.staudnwirt.at).

32 Der Wendehals

Wilhelm Höttl – vom SS-Agenten zum Schuldirektor

Eine solche Karriere kann sich selbst der phantasiebegabteste Thrillerautor nur schwerlich ausdenken: Da stößt einer, 1915 in eine Wiener Bürgerfamilie geboren, als 16-Jähriger zu den Nazis und hilft schon als angehender Student, den »Sicherheitsdienst« der illegalen SS aufzubauen. Im »Anschluss«-Jahr 1938 zum Doktor der Geschichte promoviert, wird er bei der SS in Berlin zum Spezialisten für Auslandsfragen und knüpft quer über den Balkan und in Norditalien ein dichtes Agentennetz. Bald avanciert er zum Adjutanten Ernst Kaltenbrunners (siehe Ort 76).

Am 12. Mai 1945 wird Wilhelm Höttl auf einer Alm bei Altaussee verhaftet. Noch im selben Jahr steht er beim Nürnberger Kriegsverbrecherprozess vor dem Richter – als Zeuge der Anklage. Indem er, dem man die Beteiligung an der Deportation Hunderttausender ungarischer Juden und die maßlose Bereicherung an deren Vermögen nachsagt, dort seinen Freund Alois Eichmann schwer belastet, zieht er den eigenen Kopf aus der Schlinge. Nach diesem Seitenwechsel spinnt er für den US- und andere westliche Geheimdienste dunkle Fäden, verfasst unter Pseudonym Agentenkrimis im Nazi-Milieu und widmet sich seiner Herzensangelegenheit – der Rehabilitierung und Wiedereinbindung »belasteter« Landsleute. 1952 gründet er zudem in seiner neuen Heimat Bad Aussee ein Privatgymnasium.

Dieses steht alsbald im Ruf eines letzten Rettungsankers für lernunwillige Kinder. Unter den Absolventen: André Heller und die späteren Formel-1-Weltmeister Jochen Rindt und Niki Lauda. Unter der Lehrerschaft: viele alte Nazi-Kumpel Höttls. Der schlittert zwar, nachdem die Behörden seiner Schule das Öffentlichkeitsrecht entzogen haben, in den Konkurs. Doch als hauptberuflicher Zeitzeuge für Funk und Fernsehen hat er längst eine neue Aufgabe gefunden. 1995, vier Jahre vor seinem Tod, verleiht ihm der ÖVP-Landeshauptmann das »Große Ehrenzeichen der Steiermark«.

Adresse Mittel- und Musikschule, Plaisirgasse 153, 8990 Bad Aussee-Praunfalk | ÖPNV ÖBB Bad Aussee, Postbus 955 bis Haltestelle Neue Mittelschule | Anfahrt B 145, Abfahrt Bad Aussee-Zentrum, beim Kurhausplatz links, Ischlerstraße vor Flussbrücke rechts Richtung Altaussee | Tipp Höttls Grab findet sich in der nordöstlichen Ecke des Friedhofs von Altaussee – ganz in der Nähe der letzten Ruhestätte von Maria Haim, die als legendäre »Neinstimme« in die Ortschronik einging. Als einzige Person im Dorf, die 1938 bei der Volksabstimmung gegen Österreichs Anschluss an Hitler-Deutschland votierte.

33 Die Gedenkmuschel

Weiblicher Widerstand: eine Kunstintervention

1943 lebten in den »Gauen der Ostmark«, dem ehemaligen Österreich, knapp 700.000 Mitglieder der NSDAP. Die Zahl der hier in den sieben Jahren der Nazidiktatur verfolgten Widerstandskämpfer wird auf etwa 100.000 geschätzt. Der Zahlenvergleich verstört. Doch will man die Zeitgeschichte des Ausseerlandes und speziell die hiesigen, sehr komplexen Ereignisse zu Weltkriegsende beleuchten, muss man neben der Präsenz der hohen NS-Funktionäre, den Episoden um Kunstraub und Verrat, Flucht und Mord auch die Opposition und Auflehnung der Einheimischen thematisieren. Denn die Berge des Salzkammerguts und insbesondere das Tote Gebirge waren auch Rückzugsgebiet und Fluchtort des Widerstands.

1915 lud das Grazer Institut für Kunst im öffentlichen Raum im Rahmen des Projekts »Politische Landschaft« Künstler ein, diesbezüglich denkwürdige Orte zu markieren. Einer davon war der in Frankreich lebende Bosnier Bojan Sarcevic. Er widmete seine »Partisan« betitelte Arbeit dem weiblichen Ungehorsam. Schließlich sicherte der Mut mancher Frauen zu Zeiten der Diktatur – beispielhaft sei Edith Hauer-Frischmuth genannt, die im Altausseer Seehotel unter Todesgefahr SS- und Gestapo-Männer aushorchte – vielen versteckten Männern das Überleben.

Als Symbolobjekt diente Sarcevic ein Exemplar der tropischen Riesenmuschel (Tridacna gigas). Eine Hälfte der streng artgeschützten, ihm von der Zollbehörde überlassenen Molluske montierte er an einen denkbar unansehnlichen Ort: eine Brückenunterführung am Südrand von Bad Aussee. Die andere ragt im Gebirge an schwer zugänglicher Stelle aus einer Felswand. Die Deutungsebenen des Werkes sind naturgemäß vielfältig: Sind die beiden betongrauen Schalen Zufluchten? Nester? Oder sind sie Sinnbilder für unerkannte Fremdkörper in vertrauter Umgebung? Für Getrenntheit, Polarisierung, die nach Einigung verlangt? Jedenfalls bieten sie Anlass zu vertiefter Reflexion.

Adresse Bahnhofstraße/Beckbrücke, 8990 Bad Aussee-Zentrum | **ÖPNV** ÖBB Bad Aussee, Postbus 955, 956, 957 bis Haltestelle Beckbrücke oder 15 Minuten zu Fuß | **Anfahrt** B 145, Abfahrt Bad Aussee, rechts abbiegen Richtung Ortsmitte, unter der Brücke der Umfahrungsstraße über die Bahnhofstraße am linken Brückenfundament, Zugang zur Muschelhälfte auf dem Karl-Stöger-Steig vom Loser über den Hochklapfsattel Richtung Kernzone des Toten Gebirges, Installation etwa eine Gehstunde östlich an einer Engpassage über der Weißen Wand | **Tipp** Die Besichtigung der bergseitigen Muschelhälfte lässt sich gut mit einer Wanderung zu Wildenseealm und Appel-Haus kombinieren. Die Gesamtgehzeit von der Loserhütte (siehe Ort 74) beträgt dreieinhalb bis vier Stunden.

34 Die Eselsbachfarm

Der Künstlertreff der Familie Oesterley

Er stammte aus England, war mit einer »Hiesigen« verheiratet und nach Ende des Zweiten Weltkriegs Kurdirektor von Bad Aussee. Als solcher gründete er 1947 die bis in die 1960er Jahre hoch angesehenen »Ausseer Musikfestwochen«. Außerdem spielte er lange Zeit eine Schlüsselrolle im traditionell engen Verhältnis zwischen seiner nordweststeirischen Wahlheimat und den Salzburger Festspielen. Emil Oesterley, der den Ruf eines ebenso kultivierten wie einfallsreichen und umtriebigen Mannes genoss, hatte 1937 gemeinsam mit seiner Gattin Christine im Ortsteil Eselsbach eine ehemalige Gaststätte gekauft. Sie hieß »Zu den Vier Jahreszeiten«, war im Volksmund auch als »Straussengut« bekannt und ging im Kern auf ein Gut aus dem 15. Jahrhundert zurück. Die beiden bauten sie zu einer Pension mit 20 Betten aus.

Dank der vielfältigen Beziehungen, die der Neo-Hotelier insbesondere auch zu Künstlern im Ausland unterhielt, wurde die »Eselsbachfarm«, so taufte er das Haus, alsbald zur bevorzugten Bleibe von Mitwirkenden der Festspiele. Sein Gästebuch ist legendär. Darin aufgelistet findet sich über die Jahrzehnte, bis 1965, Künstlerprominenz zuhauf: die Komponisten Wilhelm Kienzl, Nico Dostal, Ermanno Wolf-Ferrari, Dirigenten wie Josef Krips, Felix Weingartner, Clemens Krauss, Karl Böhm und Hans Swarowsky sowie namhafte Sänger und Schauspieler, von Maria Cebotari und Johannes Heesters bis zu Rudolf Forster, Richard Eybner und Hermann Leopoldi.

Die Bedeutung als Künstlerklause und gesellschaftlich-kultureller Mittelpunkt ist längst Vergangenheit. Doch die gegenwärtige Besitzerin, Doris Oesterley, pflegt das ungemein atmosphärische Anwesen nach wie vor liebevoll, führt es als Pension weiter und ließ jüngst erst beträchtliche Teile des Hauses inklusive seiner Veranda und der historischen hölzernen Ladenkegelbahn mit größter Sorgfalt renovieren.

Adresse Renner-Hansl-Straße 11, 8990 Bad Aussee-Eselsbach, Tel. 0664/1412911, oesterley@aon.at | **ÖPNV** ÖBB Bad Aussee, Postbus 955, 957 bis Haltestelle Bundesschulzentrum, von dort 15 Minuten zu Fuß | **Anfahrt** B 145, Abfahrt Bad Aussee-Ost, links Richtung Bahnhof, beim Fußballplatz links in die Sießreithstraße, nach 200 Metern links in die Renner-Hansl-Straße hügelan | **Öffnungszeiten** Vermietung zweier Ferienwohnungen und stundenweise auch der historischen Kegelbahn das ganze Jahr über möglich | **Tipp** Nähere Beachtung verdient die nur wenige Gehminuten hügelab in Richtung Traun gelegene »Kaiser-Franz-Josef-Jubiläums-Arbeiterkolonie«. Sie wurde 1908 bis 1913 unter Aufsicht und Mithilfe der Saline Aussee für deren Knappen errichtet und gilt mit ihren adretten, schachbrettförmig angeordneten Häuschen als frühes Musterbeispiel eines sozialen Wohnbaus.

35 Die Koppentraun

Ein Gebirgsfluss als Öko-Paradies

Schon im frühen 19. Jahrhundert entdeckte Erzherzog Johann den Zauber des Ausseerlandes für sich. In seinen »eigenhändigen Aufzeichnungen« von 1810 (»Der Brandhofer und seine Hausfrau«) schreibt er: »Verschieden ist die Gestalt der Gegend der zwey Traune. [...] mannichfaltige Wege, Steige [...] durchkreutzen die ganze Gegend, das ganze ein herrlicher mannichfaltiger Garten.« Die Schönheit dieser Landschaft ließ der Habsburger von seinen Kammermalern Jakob Alt, Jakob Gauermann und Matthäus Loder auf unzähligen Aquarellen und Zeichnungen festhalten. So oft, dass der geniale Spötter Johann Nestroy konstatierte: »Um jeden Felsen sitzen drei Maler herum und pemseln darauf los! Jedes Bachbrückerl, jedes Seitel Wasserfall prangt auf der Leinwand, das ganze Salzkammergut existiert in Öl.«

Besonders gern schleppten die Künstler ihre Staffeleien in das Koppental. Was man auch als Nachgeborener versteht. Denn dieser gut zehn Kilometer lange Abschnitt der Traun zwischen Bad Aussee und Obertraun, ein enges Durchbruchstal zwischen Sarstein und Zinken, ist von wildromantischem Charakter. Es wurde zwar schon im 19. Jahrhundert durch Bahn und Straße und ist heute zudem durch einen Uferwanderweg (siehe Ort 36) erschlossen. Doch blieb es wegen seiner Unwegsamkeit, den mächtigen Schneelawinen und den häufigen Hochwassern im Talgrund unbesiedelt. In seinen felsigen Steilhängen tummelt sich Gamswild en masse. Von hier stammen viele der von Ausseern als Trophäen begehrten »Gamskrucken« (Hörner) und »Gamsbärte«, der Hutschmuck aus schwarzem Rückenhaar der Böcke. In den Fichten- und Lärchenwäldern leben noch viele Rothirsche, auch Auerhähne, und in der Latschenregion Birkhähne. Und das unberührte Flussbett ist mit seinen durch Felsblöcke, Buchten, Nischen und Kolken reich strukturierten Ufern idealer Lebensraum für Forellen und Saiblinge sowie vielerlei Insekten, Würmer und Krebse.

Adresse Start/Ziel: Koppenstraße, Bahnhof, 8990 Bad Aussee-Koppental | **ÖPNV** ÖBB Bad Aussee, Postbus 955, 956, 957 bis Haltestelle Bahnhof | **Anfahrt** B 145, Abfahrt Bad Aussee-Ost, links Richtung Koppenstraße bis zum Bahnhof | **Tipp** Nahe dem Endpunkt der Wanderung, 15 Gehminuten oberhalb der Bahnstation, bietet die Koppenbrüllerhöhle speziell zur Schneeschmelze und nach langem Regen ein grandioses Naturschauspiel. Als jüngste der drei Dachsteinhöhlen ist sie im Rahmen von Führungen völlig gefahrlos zu durchwandern (Anfang Mai–Anfang Okt. 9–16 Uhr, www.dachstein-salzkammergut.com).

36 Der Weg durch die Wildnis

Wanderung entlang der Salzkammergutbahn

Am Anfang ist da noch die Kläranlage – Zäune, Pumpwerk, schnöde Betonbecken. Viel Funktionalität, wenig Anmut. Danach freilich geht es über eine Wiese, eine Brücke, einen Waldweg hügelan, an einer Handvoll Häusern – der Ortsteil heißt Sarstein – vorbei. Und einen kurzen Abstieg später steht man wieder an der Koppentraun. Hier nun gischtet Wasser weiß über Felsen, rundum dichter Mischwald, steile Berghänge. Rauschen. Stille sonst. Und Sauerstoff, nahezu in Überdosis. Bloß die hölzerne Fußgängerhängebrücke über den Fluss und der gekieste Uferweg zeugen von menschlicher Präsenz.

Ursprüngliche Natur findet man im Ausseerland auf Schritt und Tritt. Wer freilich – auf überwiegend ebenem Terrain – eine wirklich urwüchsige Flusslandschaft erkunden will, folge dem sogenannten Koppenweg. Unterwegs zwischen den gewaltigen Lawinenrinnen, die rechterseits vom Hohen Sarstein herabziehen, und den kaum minder imposanten Steilhängen zur Linken, nimmt man einem Dutzend Schautafeln die Parade ab. Sie informieren über naturräumliche Besonderheiten, urzeitliche Spuren oder die kühne historische Bahnstrecke. Letztere wurde zwar noch im Eröffnungsjahr 1877 nach einem verheerenden Hochwasser nach oben verlegt, sodass man heute vorbeifahrende Züge kaum zu Gesicht bekommt, höchstens hört. Allerdings folgt der Fußweg im letzten Abschnitt der ursprünglichen Schienentrasse nahe am Fluss und führt dabei 55 Meter lang sogar durch einen ursprünglichen Bahntunnel.

Rege begangen wurde das klammartige Tal übrigens trotz des schwierigen Geländes schon äußerst früh. Nahe der heutigen Straße über den Koppenpass stieß man im Erdboden auf eine Fülle von Relikten, Sicheln und Beile, Schmuck und Bruchmetall aus der Urnenfelder- und Hallstattzeit, welche die Bedeutung der Route vor 3.000 und mehr Jahren für den Salzhandel aus dem nahen Hallstatt bezeugen.

Adresse Start/Ziel: Koppenstraße, Bahnhof Bad Aussee bzw. Bahnhof Koppenbrüllerhöhle, 8990 Bad Aussee-Koppental | ÖPNV ÖBB Bad Aussee, Postbus 955, 956, 957 bis Haltestelle Bahnhof; Gehzeit 2,5–drei Stunden (circa zwölf Kilometer), bis auf eine Steigung (circa 200 Höhenmeter) weitgehend flach; im Winter wegen der großen Lawinengefahr gesperrt, sonst frei zugänglich; Rückfahrt per Bahn oder Taxi-Shuttle (Bestellung in Obertraun, Tel. 03622/54008, in Bad Aussee, Tel. 0699/11754852) | Anfahrt B 145, Abfahrt Bad Aussee-Ost, links Richtung Koppenstraße bis zum Bahnhof | Tipp Für Rast und Stärkung sorgen auf halbem Weg die Schutzhütte Koppental (Tel. 0664/4924461), die Mostschänke in Sarstein (Tel. 03622/55368) sowie am Anfang/Ende das Gasthaus Koppenrast (Tel. 06131/231).

37_Die Gedenkkapelle

Memento an zwei gefahrvolle Berufe

Direkt unterhalb des Koppenpasses (690 Meter) führt der Wanderweg entlang der Traun an einer Kapelle vorbei, die eingehendere Beachtung verdient. Der kleine, vollständig mit Holzschindeln verkleidete Bau ist dem Gedenken an die Mühen und Opfer der Arbeiterschaft während der Errichtung der Bahntrasse geweiht.

Betritt man das Gotteshäuschen, zieht rechter Hand an der südostseitigen Wand ein spezielles Fenster den Blick auf sich. Es erinnert an eine nicht minder gefahrvolle Tätigkeit, der in diesem engen Durchbruchstal einst Männer aus der Region zuhauf nachgingen. Ein auf Glas gemaltes, mit Butzenscheiben gerahmtes Bild zeigt eine hochdramatische Flussszene: Baumstämme, vom wild gischtenden Wasser verwirbelt, darauf Männer verzweifelt um Rettung flehend, im Vordergrund ein offensichtlich Ertrinkender.

Seit alters benötigte die Sudhütte von Hallstatt zum Befeuern ihrer Salzpfannen große Mengen an Holz. Diese bezogen die Oberösterreicher auch aus dem waldreichen Ausseerland, wohin sie als Gegenleistung 20 Knechte als Helfer beim Fällen entsandten. Abtransportiert wurde das Holz, möglichst billig, auf der Koppentraun. Vor allem zur Zeit der Schneeschmelze führte diese genug Wasser, um es mitzureißen. So »triftete« (schwemmte) man die tonnenschweren Stämme bis zum Hallstätter See. In Obertraun wurden sie »ausgeländet« (ans Ufer gezogen), auf dem Lagerplatz »aufgesetzt« (gestapelt) und hernach, je nach Bedarf, über den See zu den Pfannhäusern des pittoresken Salinenortes vis-à-vis geschleppt. Als man dort Ende des 19. Jahrhunderts die Beheizung auf Braunkohle umstellte, ging die Trift auf der Traun blitzartig zurück. Einige wenige hundert Raummeter, die man im Auftrag der Bundesforste weiterhin alljährlich talaufwärts schlug, kamen noch bis 1950 auf dem Flussweg zum See und wurden, zu losen Flößen vertäut, per Dampfboot zur Bahnverladung bei Obertraun gezogen.

Adresse Start: Koppenstraße, Bahnhof Bad Aussee, 8990 Bad Aussee-Koppental | **ÖPNV** ÖBB Bad Aussee, Postbus 955, 956, 957 bis Haltestelle Bahnhof, Kapelle knapp drei Kilometer taleinwärts (von der Bahnstation Koppenbrüllerhöhle) kurz nach dem alten Tunnel; auf ebenem Weg bequem per pedes oder Rad erreichbar | **Anfahrt** B 145, Abfahrt Bad Aussee-Ost, links Richtung Koppenstraße bis zum Bahnhof | **Öffnungszeiten** in der warmen Jahreszeit offen zugänglich | **Tipp** Das Koppental ist auch für Radfahrer gut erschlossen. Der Radweg ist Teil des Salzkammergut-Radwegs (R19), auf dem sich das ganze Ausseerland vom Ennstal bis zum Hallstätter See durchqueren lässt.

38 Der Koppenwinkelsee

Ein temporäres Naturidyll

Es stimmt schon, genau genommen gehört dieser Ort nicht mehr zum Ausseerland, liegt vielmehr schon drüben im Oberösterreichischen, nahe dem Hallstätter See, und zählt zur UNESCO-Welterberegion Hallstatt-Dachstein/Salzkammergut. Aber was soll's. Romantiker scheren sich herzlich wenig um administrative Grenzen. Rein praktisch betrachtet ist der Koppenwinkelsee noch Teil des Koppentals und als solcher eine naheliegende Zugabe auf die Wanderung durch selbiges (siehe Ort 36). Außerdem wäre es zweifellos eine sträfliche Unterlassung, dieses landschaftliche Kleinod in unseren Empfehlungsreigen nicht mit aufzunehmen.

Bloß zwei Hektar ist der See – den Einheimische übrigens gern als »Lacke« bezeichnen – groß; und dabei sehr, sehr verträumt, wie er sich da, maximal 50 Zentimeter tief und völlig unverbaut, die Ufer durch kleine Buchten und Inseln gegliedert und gesäumt von urwüchsigem Auwald und Huflattich, in seine moosige Mulde schmiegt. Zugleich verleihen ihm die direkt dahinter Hunderte Meter hoch aufragenden Felswände von Landfried und Koppen eine Kulisse von enormer Dramatik.

Allerdings sollte man sich vorsehen: Das Gewässer ist nicht nur ganzjährig eiskalt, sondern schlägt seinen Bewunderern bisweilen auch launisch ein Schnippchen. Im Herbst nämlich: Dann pflegt es, weil ausschließlich von unterirdischen Karstquellen gespeist, schwuppdiwupp zu versiegen. Im Winter führen gespurte Langlaufloipen über seinen wasserlosen Boden. Erst im Frühjahr beginnt er sich erneut aufzufüllen.

Gleichfalls ein Muss und – wegen des meist vielen Schnees auf dem Zugangsweg – nur im Sommerhalbjahr zu besichtigen ist übrigens die nahe Koppenbrüllerhöhle. Sie bietet tief im Berginneren ein grandioses Naturschauspiel – in Form phantasievoller Tropfsteinformationen und, bei entsprechender Außenwitterung, reißender Wildbäche, die durch unterirdische Felshallen tosen.

Adresse an der Koppenpassstraße, 4831 Obertraun, www.obertraun.net | **ÖPNV** ÖBB Bahnhof Obertraun-Koppenbrüllerhöhle | **Anfahrt** B 145, Abfahrt Bad Aussee-Ost, links Richtung Bahnhof und über den Koppenpass, an dessen Fuß im Westen beim Gasthaus/Bahnhof oder beim Feriendorf Koppenwinkel parken, von dort ebener Spazierweg in zehn Minuten zum See | **Öffnungszeiten** ganzjährig frei zugänglich | **Tipp** Ein gefahrloses Abenteuer für Jung und Alt verspricht zwischen etwa Ende April und Anfang November der Besuch der nahen Koppenbrüllerhöhle (www.obertraun.net). Ob See oder Höhle: Auf jeden Fall empfiehlt sich die Einkehr im unmittelbar an Straße und Bahnstation gelegenen Gasthaus »Koppenrast« (Obertraun 123, Tel. 06131/231, www.koppenrast.at, Mi–So und Feiertage 11–22 Uhr).

39 Der Weg um den See I

Seit vielen Generationen ein Klassiker

Wer schon einmal in Altaussee war, benötigt die Empfehlung wohl kaum. Die Umrundung des örtlichen Sees gilt als Klassiker unter den Wanderungen in der Region schlechthin. Zwei Gründe, ihr hier dennoch ein Kapitel zu widmen, stehen im Vordergrund. Zum einen der, dass man den Entscheidungsträgern im Gemeinderat rückblickend nicht explizit genug danken kann. Denn sie gehörten in den touristischen Boom-Jahren der 1970er Jahre zu jener kleinen Minderheit, die damals nicht der in Urlaubsregionen grassierenden Bauwut erlagen. Ohne ihre Weitsicht wäre auch dieser See heute rundum durch eine Uferstraße erschlossen und seines Zaubers beraubt. Zum anderen bleiben entlang des so malerischen Rundwegs manch reizvolle Details oft unbeachtet. Auf ein paar sei hier der Fokus gerichtet.

Hinter dem »Hotel am See« gelangt man, im Uhrzeigersinn gehend, an Friedhof und Wassermann-Villa vorbei zunächst zum Kahlseneck. Kurz danach weitet sich der Waldweg zu einer Uferwiese. Linker Hand informiert eine Schautafel über See und Totes Gebirge als Europaschutzgebiet. Gegenüber erinnern eine Säule an den Kletterpionier Paul Preuß (siehe Ort 60) und ein Stein an Richard Strauss. Die historische Hütte, die wenig weiter an einer Bachmündung steht, birgt ein selbst unter Ortskennern kaum bekanntes Geheimnis: An der linken Wand des Durchgangs hinterließ am 6. August 1925 der Maler Oskar Kokoschka im Holz eingeschnitzt seine Initialen (»OK«). Traurigen Charme verströmt das Votivbild, das, in dem bald folgenden, schattenlosen Abschnitt an einem Baum befestigt, der hier anno 1777 verunfallten Hirtin Anna Kain eine »fröhliche Auferstehung« wünscht. Künstlerisch hochwertiger ist die weiter hinten am Rand der Seewiese für Fürstin Hohenlohe-Schillingsfürst, Reichskanzlersgattin, Erbauerin des Jagdhauses und allseits beliebte Menschenfreundin, errichtete Marmorstele.

Adresse Start-/Zielpunkt: Pfarrkirche/Hotel am See, Fischerndorf 2, 8992 Altaussee-Fischerndorf | ÖPNV ÖBB Bad Aussee, Postbus 955 bis Haltestelle Kurhaus, von dort fünf Minuten zu Fuß | Anfahrt B 145, circa zwei Kilometer westlich von Bad Aussee Abzweig nach Altaussee, dort zentraler Parkplatz im Ortskern; Strecke und Dauer: 7,5 Kilometer weitgehend eben, Gehzeit zwei–2,5 Stunden | Tipp Ein kulinarischer Rastplatz unterwegs: Franz Pichlers feine Jausenstation Kahlseneck kurz nach dem Start (www.kahlseneck.at) mit lauschigem öffentlichen Badestrand. Außerdem erreicht man auf halbem Weg das Jagdhaus (www.jagdhaus-seewiese.com) und die Jausenstation Seewiese (www.seewiesealtaussee.at) und vor der letzten Etappe das Restaurant Strandcafé (siehe Ort 42).

40 Der Weg um den See II

Entlang des Ostufers

Rechts oder links herum? In welcher Richtung der See zu umrunden ist, kann sich unter Altaussee-Aficionados mitunter zur Glaubensfrage auswachsen. Was für den Kurs gegen den Uhrzeiger spricht: Auf den ersten Kilometern wandelt man, an heißen Tagen wohltuend, in schattigem Wald, kann sich zwischendurch sogar an einer Quelle laben, und später, am Nordufer, genießt man die Galaaussicht auf das Dachsteinmassiv.

Den Auftakt macht, unmittelbar neben dem stolzen Hotel Seevilla, ein Gruß von der Brücke an der Seeklause hinab zu den in der Strömung schwänzelnden Seesaiblingen und Forellen. Ein paar Schritte später passiert man ein mit Topfpflanzen und Nippes besonders allerliebst herausgeputztes Haus (Puchen 68). Ein Blick noch, an der letzten Hauswand rechts, in die Vitrine mit den Affichen für kommende Kulturveranstaltungen, dann geht es nahe am Wasser und vorbei am Strandcafé (siehe Ort 42) hinein unter das Blätterdach des Waldes.

Willkommen im »Natura 2000«-Schutzgebiet! Hobby-Botaniker können sich nun an der Vielfalt alpiner Pflanzen delektieren: Knabenkraut, Stendelwurz, Hahnenfuß, Türkenbund … Sogar seltene Orchideen gedeihen am Wegesrand. Von speziellem Liebreiz ist aber auch die Uferzone: der feine helle Kies, das smaragdfarbene Wasser – Kecke streifen im Sommer das Gewand ab und hüpfen hinein. Aber auch die Rast auf einem der Aussichtsbankerl ist nicht von schlechten Eltern, denn der Blick auf den Loser und die »Weißen Wände« sind Landschaftskino pur. Beim Weiterwandern säumen immer wieder von Wurzeln und Moosen überwachsene Felstrümmer, in grauer Vorzeit von der Trisselwand herabgestürzt, den Weg. Dieser wird jetzt sogar ein klein bisschen holpriger. Doch die kräftigende Pause naht: Bald ist die Seewiese erreicht, und mit ihr jenes historische Anwesen, das Red-Bull-Tycoon Dietrich Mateschitz vor ein paar Jahren erst in eine schmucke Jausenstation verwandeln ließ.

Adresse Start-/Zielpunkt: Hotel Seevilla, Fischerndorf 60, 8992 Altaussee-Fischerndorf; Jausenstation Seewiese: Altaussee, Fischerndorf 77, Tel. 03622/71205, www.seewiesealtaussee.at | **ÖPNV** ÖBB Bad Aussee, Postbus 955 bis Haltestelle Kurhaus, von dort auf der Seitenstraße Richtung See zur Seevilla | **Anfahrt** im Ortskern rechts Wegweisern zum Hotel Seevilla folgen, dort großer Parkplatz | **Öffnungszeiten** Jausenstation Seewiese: April–Okt. Fr–So und Feiertage ab 10 Uhr bis in den frühen Abend | **Tipp** Eine gute Gelegenheit für ein kühles Bad im See bietet zwei Gehminuten nördlich des Hotel Seevilla das rund um die Uhr frei zugängliche, mit Liegewiese, Kinderspielplatz und Holzsteg ausgestattete öffentliche Strandbad der Gemeinde.

41 Das Fischerkreuz

Eine mysteriöse Holzstange am westlichen Seeufer

Sie ist im Vorbeigehen leicht zu übersehen, obwohl sie direkt an der viel begangenen Uferpromenade steht. Und wenn man die etwa zehn Meter hohe Stange dann bemerkt hat, beginnt erst recht das große Rätselraten: Handelt es sich um einen ehemaligen Schiffsmast? Um einen Totempfahl, errichtet von irgendwelchen weststeirischen Indianern zum Potlatchfest? Oder ragt hier doch in archaischer Sonderform ein christliches Kreuz himmelwärts? Immerhin prangt weit oben auf ihr ein stilisierter Fisch – das einst von Frühchristen als Geheimzeichen verwendete Jesussymbol.

Die Lösung verrät eine Infotafel unten, in Augenhöhe der Spaziergänger. Schon Mitte des 12. Jahrhunderts lebten hier am Westufer Menschen, die dem Fischreichtum des Altausseer Sees ihre Existenz verdankten. Schließlich leitet sich der Name des Ortsteils Fischerndorf vom mittelhochdeutschen Wort »vischarn« ab, was so viel wie »bei den Fischersleuten« bedeutet. Diese hätten, so die weitere Erklärung, ihrem Beruf bevorzugt im Spätherbst, der Zeit der Eiablage, gefrönt. Dann nämlich, wenn die Saiblinge und Forellen tief unten am See auf den Laichplätzen stehen und sich das Netz leicht über sie ziehen lässt.

Um diese ergiebigsten Fangreviere stets exakt wiederzufinden, errichteten die findigen Fischer, die hier übrigens anders als an allen übrigen Salzkammergutseen schon im Mittelalter von der landesfürstlichen Herrschaft die Fischrechte privat erhielten und bis heute, innerhalb einiger weniger alteingesessener Familien weitervererbt, ausüben, an den Ufern Landschaftsmarken. Als eine solche dient seit Gott weiß wie vielen Generationen dieses »Fischerkreuz«. Man musste bloß draußen am Wasser die Plätte an jene Stelle rudern, an der die Bootsspitze, der sogenannte Granzling, die hölzerne Stange und der dahinter aufragende Dietrichskogel eine Linie bildeten. Exakt dort, wo das Kreuz optisch oben auf der Bergkuppe zu liegen kam, galt es, die Netze auszuwerfen.

KATJA JOSTEIT
111 ORTE FÜR KINDER IN KIEL DIE MAN GESEHEN HABEN MUSS

MARTIN DROSCHKE | NORBERT KRINES
111 FRÄNKISCHE BIERE DIE MAN GETRUNKEN HABEN MUSS

JENNY MENZEL
111 ORTE FÜR KINDER IN DRESDEN DIE MAN GESEHEN HABEN MUSS

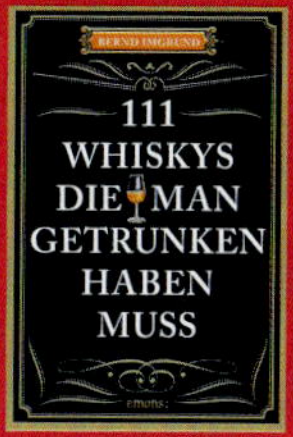
BERND IMGRUND
111 WHISKYS DIE MAN GETRUNKEN HABEN MUSS

JULIA TZSCHÄTZSCH
111 ORTE FÜR KINDER IN FRANKFURT DIE MAN GESEHEN HABEN MUSS

CORNELIA KUHNERT
111 ORTE FÜR KINDER IN UND UM HANNOVER DIE MAN GESEHEN HABEN MUSS

OLIVER SCHRÖTER
111 ORTE FÜR ECHTE MÄNNER DIE MAN GESEHEN HABEN MUSS

BERNADETTE NÉMETH
111 ORTE FÜR KINDER IN WIEN DIE MAN GESEHEN HABEN MUSS

JENS DREISBACH
111 GINS DIE MAN GETRUNKEN HABEN MUSS

CHRISTINA BACHER
111 ORTE FÜR KINDER IN KÖLN DIE MAN GESEHEN HABEN MUSS

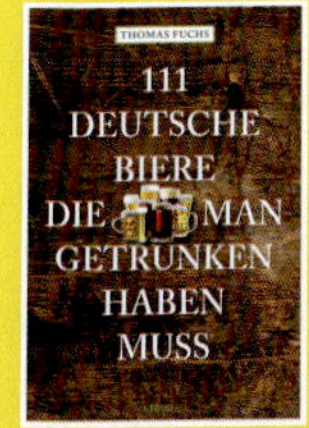
THOMAS FUCHS
111 DEUTSCHE BIERE DIE MAN GETRUNKEN HABEN MUSS

PRISKA LACHMANN
111 ORTE FÜR KINDER IN LEIPZIG DIE MAN GESEHEN HABEN MUSS

OLIVER SCHRÖTER
111 ORTE FÜR ECHTE MÄNNER DIE MAN GESEHEN HABEN MUSS

111 ORTE FÜR KINDER IN UND UM STUTTGART DIE MAN GESEHEN HABEN MUSS

CARSTEN HENN
111 DEUTSCHE WEINE DIE MAN GETRUNKEN HABEN MUSS

111 ORTE FÜR KINDER IN BERLIN DIE MAN GESEHEN HABEN MUSS

ISBN 978-3-7408-0571-5
€ D 16,95/€ A 17,50

ISBN 978-3-7408-0939-3
€ D 25,00/€ A 25,70

ISBN 978-3-7408-0680-4
€ D 25,00/€ A 25,70

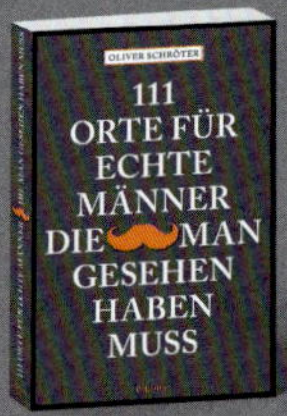

ISBN 978-3-7408-0735-1
€ D 16,95/€ A 17,50

UNSERE 111ER FÜR ECHTE MÄNNER

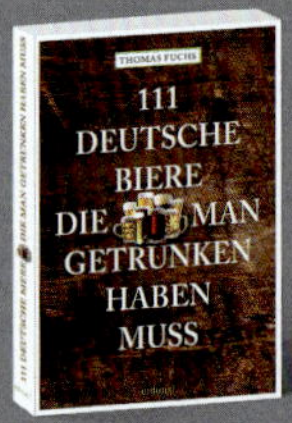

ISBN 978-3-95451-414-4
€ D 16,95/€ A 17,50

ISBN 978-3-95451-465-6
€ D 16,95/€ A 17,50

ISBN 978-3-7408-0242-4
€ D 16,95/€ A 17,50

ISBN 978-3-95451-912-5
€ D 25,00/€ A 25,70

ISBN 978-3-7408-0938-6
€ D 25,00/€ A 25,70

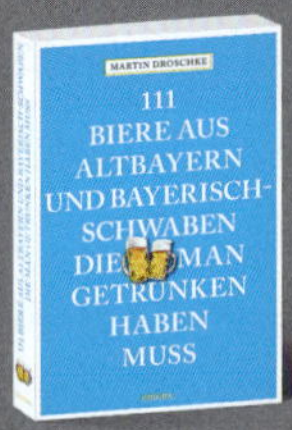

ISBN 978-3-7408-1069-6
€ D 16,95/€ A 17,50

Adresse 8992 Altaussee-Fischerndorf | Anfahrt nach Altaussee-Zentrum, vom zentralen Parkplatz bzw. Kurhaus zu Fuß zur Kirche und dahinter rechts noch circa drei Minuten die Seepromenade entlang | Tipp Frische Seesaiblinge werden zwischen Mai und September durch die Fischervereinigung Altaussee in deren Holzhütte circa 30 Meter südlich der Kirche linkerseits des Uferweges verkauft.

42 Das Strandcafé

Wo man schaut, speist und zur Geigenmusi swingt

Über die Lage braucht man wohl nicht viele Worte zu verlieren. Denn wo, wenn nicht hier, gilt, dass ein Bild mehr als 1.000 Worte sagt. Der See, Trisselwand, Loser, das Dorf: Es ist ein »Logenplatz« zum Niederknien. Einleuchtend, dass sich hier zur Frühzeit des Fremdenverkehrs schon die Sommerfrischler zum (Sonnen-) Baden einfanden. Und dass sich bald Bademeister und Eisverkäufer, Umkleidekabinen, Sprungturm und Würstelstand hinzugesellten, ehe in den 1950er Jahren die Großeltern der heutigen Wirtsleute das Restaurant Strandcafé eröffneten.

Kathi und Peter Beuchel, seit 2009 Betreiber dieses Gastro-Idylls im Retro-Look, kredenzen zum optischen freilich auch kulinarischen Genuss: saisonale Köstlichkeiten aus der Region, vom Saiblingsfilet bis zum Kaiserschmarrn, dazu illy-Kaffee und eine Weinkarte, die sich, wie ein Gourmetmagazin applaudierend anmerkte, »liest wie eine Mozart-Arie«.

Apropos, Musikalisches wird auch serviert: Jazzig-Funkiges bisweilen, vor allem aber, im Sommer wöchentlich, traditionelle Volksmusik. Jeden Donnerstag packen die Herren »Eidl« alias Eidlhuber, »Wodl« (Feichtinger), »Mäscht« (Exner) und »Jumpy« (Fleischhacker), weithin berühmt-berüchtigt als Grundlseer Geigenmusi, abends auf der Terrasse ihre Instrumente aus. Und legen auf Violine, Gitarre, Kontrabass und Rumpü, der Harmonika, urtypisch steirisch-ausseerisch los – mit Schottischen und Zwiefachen, Walzern und Landlern, singen Gstanzln, tun dann und wann einen Juchitzer. Zwischendurch wird gepascht, also rhythmisch geklatscht, was das Zeug hält (und wehe, ein Zuagroaster ohne Taktgefühl verdirbt's!). Und weil die vier Vollblutmusikanten Genregrenzen mit Bedacht ignorieren, mischen sie da einen Beatles- und dort einen Popsong, Irisch-Keltisches oder einen Schlager ins Repertoire. Zentrales Kriterium: dass den von der kühlen Seebrise umwehten Anwesenden ordentlich warm wird ums Herz.

Adresse Puchen 197, 8992 Altaussee-Puchen, Tel. 0664/2129309, www.strandcafe.at, www.geigenmusi.com | Anfahrt nach Altaussee-Zentrum, vom zentralen Parkplatz/Kurhaus auf der Seitenstraße Richtung Seevilla und weitere 15 Minuten entlang des südlichen Seeufers; alternativ: vom Parkplatz Scheichelmühle an der Ortseinfahrt über den Ortsteil Arzleiten | Öffnungszeiten Juli, Aug. täglich 11–16 und 18–23 Uhr (und länger), Mai, Juni, Sept. Do–Sa 11–22, So 11–17 Uhr; angeschlossen: sechs stilvolle Ferienappartements, Anfragen unter Tel. 0699/19243220 | Tipp Bühnenfreunden seien die originellen und klugen Aufführungen des von Jürgen Kaizik und Ines Kratzmüller betriebenen Theaterensembles Bluatschwitzblackbox im Alpengarten von Bad Aussee (siehe Ort 20) ans Herz gelegt (www.bluatschwitzblackbox.eu).

43 Das Literaturmuseum

Buchstabenquelle am »dunkelblauen Tintenfass«

Man begegnet ihnen mehrfach beim Gang entlang des Künstlerwegs Via Artis und auch im Laufe der Lektüre dieses Buches – jenen Namen, von Hofmannsthal und Schnitzler bis Torberg und Wassermann, die dem Ausseerland seinen Nimbus als Rückzugs- und Wirkort großer Literaten bescherten. Doch der Musenmagnet, der dieser Zauberlandschaft offenbar innewohnt, zog über die Generationen viel, viel mehr schöpferische Geister an. Deren Schaffen die Reverenz zu erweisen hat sich das »Literaturmuseum Altaussee« zur Aufgabe gemacht. Eingerichtet im Kur- und Amtshaus, informiert es anhand kunstvoll kalligrafierter Schautafeln, aber auch Fotos, Faksimiles, Autografen, Objekten und Originalausgaben über Dichter und Schriftsteller, die temporär oder dauerhaft in Altaussee lebten.

Die lange Liste der dem Genius Loci Verfallenen reicht vom Dramatiker Josef Christian Freiherr von Zedlitz, der sich auf Anraten Adalbert Stifters hier schon 1847 ein »Seehaus« bauen ließ und darin Lenau und Grillparzer zu Gast hatte, bis hin zu Wassermanns Gattin Marta Karlweis, die selbst etliche Romane verfasste, und Hermann Broch, der in den Tagen nach der NS-Machtergreifung sogar kurzfristig im hiesigen Dorfkotter einsaß. Auch Sommerfrische-Pioniere wie Alfred Ritter von Arneth oder Carl und Emilie von Binzer umfasst sie, als Vertreter der Gruppe Jung-Wien Richard Beer-Hofmann, Raoul Auernheimer, Hermann Bahr und aus späteren Jahren Fritz von Herzmanovsky-Orlando und Ernst Schönwiese.

Gegründet wurde die Sammlung 1970 unter der Ägide von Alois Mayrhuber, im Hauptberuf Gendarm. 2005 übersiedelte sie vom ursprünglichen Standort, dem Steinberghaus am Eingang zum Salzbergwerk, auf Initiative der in Altaussee ansässigen Autorin Barbara Frischmuth in ihr heutiges Quartier, wo man sie durch die Dauerausstellung »Altaussee und seine Maler« sowie natur-, heimat- und höhlenkundliche Abteilungen ergänzte.

Adresse Fischerndorf 61, 8992 Altaussee-Fischerndorf, Tel. 0664/4441069, www.literaturmuseum.at | Anfahrt nach Altaussee-Zentrum, Kurhaus vis-à-vis von Parkplatz und Bushaltestelle | Öffnungszeiten Juni–Sept. Mo–Sa 10–12 und 14.30–18 Uhr, Okt.–Mai Mo–Sa 14.30–17 Uhr | Tipp Eine Augenweide ist der von Barbara Frischmuth gestaltete, mit Gedenksteinen bestückte Literaturgarten im benachbarten Kurpark. Außerdem zu empfehlen: die kundig geführten »Literarischen Dorfspaziergänge« für Gruppen von circa Mitte Juni bis Sommerende (zweimal im Monat, Infos und Voranmeldung unter Tel. 0670/4020027).

44 Das Fröhlich-Denkmal

Dem Königlich-Kurfürstlichen Hoftaschenspieler

Nomen est omen. In diesem Fall grenzt die lateinische Redensart an einen Kalauer. Fröhlich heißen und Hofnarr sein ist schon eine komische Koinzidenz! Doch alles der Reihe nach: Die Rede ist hier von einem Mann, der 1694 in Altaussee als unehelicher Sohn eines fahrenden Händlers zur Welt kam und sie 63 Jahre später, hochberühmt und reich besoldet, als Hofnarr eines Königs wieder verließ. Eine Karriere wie die des Joseph Fröhlich kann man wahrlich nicht erfinden.

Zunächst hatte der kuriose Kerl daheim das Müllerhandwerk erlernt und sich auf der Walz erste Tricks und Zaubereien angeeignet. Mit 30 tauchte er plötzlich als »fürstlicher Taschenspieler« am Markgräfischen Hof zu Bayreuth auf. Und kurz darauf übersiedelte er auf Dauer nach Dresden, wo ihn August II., der Starke, als »Hoftaschenspieler und kurzweiligen Rat« in Dienst nahm. 30 Jahre lang formte er in der sächsischen Elbstadt mit seinem Sozius, »Baron« Gottfried Schmiedel, ein Erfolgsduo, unterhielt das drollige Paar die gelangweilte Hofgesellschaft mit derben Scherzen, Spottgedichten und Zauberkunststücken.

Prominent wie ein Popstar war der Altausseer – dem zu Ehren der Kärntner Johann Feilacher 2019 aus Bronze jenen knallroten Narrenhut goss – nicht nur bei seinem blaublütigen Stammpublikum und beim Volk, sondern auch in der zeitgenössischen Künstlerszene. So porträtierte ihn etwa Bernardo Bellotto, genannt Canaletto, in seiner heimatlich-steirischen Tracht. Der berühmte Bildhauer Johann Gottlieb Kirchner modellierte eine Büste von ihm aus Meißener Porzellan. Und sogar im Grünen Gewölbe ist er präsent: in Form einer mit Gold, Silber und Edelsteinen verzierten Elfenbein-Figur auf einem Holzsockel. Sie zeigt ihn auf einem von zwei Schweinen gezogenen Karren sitzend. Der Clou: Öffnet man ein Türchen, sieht man, dass es sich um einen fahrbaren Nachtstuhl handelt, auf dem Fröhlich mit heruntergelassener Hose thront.

Adresse Kurpark, bei Fischerndorf 61, 8992 Altaussee-Fischerndorf | **Anfahrt** nach Altaussee-Zentrum, Denkmal im Kurpark vis-à-vis von Parkplatz und Bushaltestelle | **Tipp** Keine drei Gehminuten von seinem heutigen Denkmal entfernt hätte sich auch Joseph Fröhlich gewiss gern den Wanst vollgeschlagen: in der von Feinschmeckern zu Recht weithin gepriesenen Wirtschaft Altaussee (Fischerndorf 191, Tel. 0676/3957401, Mi–Fr 15–23.30 Uhr, Fr–So 11–23.30 Uhr).

45 Salut an zwei Freiherrn

Zum Gedenken an Vater und Sohn Andrian-Werburg

Die Namen der Dichtergrößen, die in den Jahren um oder bald nach 1900 Anmut und Aura von Altaussee verfielen, hier ihre Sommer verbrachten, sind dem kulturhistorisch interessierten Gast geläufig. Die von dem Wiener Feuilletonisten Raoul Auernheimer geprägte Metapher vom tiefdunklen See als riesigem Tintenfass, in das die prominenten Wortkünstler am Ufer sitzend ihre Schreibfedern tauchen, ist fast schon ein Gemeinplatz, und auch die entsprechende Karikatur wohlbekannt.

Ein Name, der sich in einschlägigen Quellen zur örtlichen Literaturgeschichte zwar fast immer findet, aber für gewöhnlich wenig Assoziationen weckt, lautet Andrian-Werburg. Aufmerksame Wanderer immerhin wissen, dass der nördliche Abschnitt der Promenade um den See so heißt. Manche haben im Vorbeigehen vielleicht sogar die Gedenktafeln außen an der Friedhofsmauer wahrgenommen. Einheimische kennen das später von Jakob Wassermann bewohnte Anwesen ein paar Schritte weiter (siehe Ort 46) als »Andrian-Villa«.

Ferdinand Freiherr von Andrian-Werburg war führender Anthropologe seiner Zeit in Wien, zudem Geologe, Volkskundler und Autor. Durch Heirat reich geworden, bewohnte er mit seiner Frau Cecilie, Tochter des berühmten Opernkomponisten Giacomo Meyerbeer, seit 1871 besagte Villa. Künstlerisch von sich reden machte der Sohn der beiden, Leopold: Seit seiner Jugend ein enger Freund Hofmannsthals, galt er zunächst dank feinfühlig-symbolistischer Gedichte und dem Erzählfragment »Der Garten der Erkenntnis« als große Nachwuchshoffnung im Umfeld der Gruppe Jung-Wien. Im Berufsleben jedoch Diplomat, avancierte er gegen Ende seiner Karriere für kurze Zeit zum Generalintendanten der k. u. k. Hoftheater. Als solcher holte er nicht nur Richard Strauss an die Oper nach Wien, sondern war auch maßgeblich an den Gesprächen zwischen Max Reinhardt und Hofmannsthal zur Gründung der Salzburger Festspiele beteiligt.

Adresse Andrian-Werburg-Promenade, 8992 Altaussee-Fischerndorf | Anfahrt nach Altaussee-Zentrum, vom Parkplatz an der Kirche vorbei circa zehn Minuten zu Fuß | Tipp Eine entzückende Adresse für einen kulinarischen Zwischenstopp beim Uferspaziergang ist das »Refugium am See«. In dem Holzhäuschen zu Füßen der Pfarrkirche kredenzt Robert Hocker Kreationen vom Feinsten (Fischerndorf 2, www.refugium-altaussee.at, Fr–Mo 12–21 Uhr).

46 Die Wassermann-Villa

Der Ankerplatz eines Bestseller-Romanciers

»Wir wohnen alle in verschiedenen kleinen Häusern an der Berglehne über dem dunklen, kleinen See, essen und nachtmahlen bald bei dem einen, bald bei dem andern, lesen zusammen englische Gedichte [...] mittag fahren wir im Boot hinaus und baden, bis tief in die sternenhellen Nächte hinein gehen wir spazieren oder sitzen auf dem Geländer von einem Bauerngarten und reden miteinander. Die Leute, denen wir begegnen, kennen uns und sind alle in einer gewissen Weise hier zu Hause, einmal ist es der Reichskanzler Hohenlohe und einmal eine alte, ganz runzlige Bauernfrau ...«

Einen Brennpunkt jener sommerlichen Geselligkeit, wie sie Hugo von Hofmannsthal in obiger Briefpassage schildert, bildete die Altausseer Adresse Fischerndorf 48. Jene historische Villa in Prachtlage über dem See, auf parkähnlichem Grund, hatte der Schriftsteller Jakob Wassermann 1922 von der Familie Andrian-Werburg (siehe Ort 45) übernommen und zu einem regelrechten Hauptquartier der Weltliteratur gemacht. Immerhin sollte er sich hier mit Romanen wie »Der Fall Maurizius«, »Etzel Andergast« oder »Joseph Kerkhovens dritte Existenz« binnen wenigen Jahren den Status des meistgelesenen Romanciers deutscher Sprache erschreiben.

Wassermann, ein gebürtiger Bayer, hatte, von seinem Freund Hofmannsthal in früher Jugend auf die Magie der Gegend aufmerksam gemacht, bereits mit seiner ersten Frau Julie Speyer und den vier Kindern viele Sommer in Altaussee verbracht. 1919 ließ er sich mit Marta Karlweis, Gattin Nummer zwei, dauerhaft am Fuß des Loser nieder – zunächst für vier Jahre in der heute von Klaus Maria Brandauer bewohnten Filtsch-Villa (Fischerndorf 76). Hernach übersiedelte das Paar in die näher am Wasser gelegene Villa. Dort erlag der Dichter – inzwischen warfen die Nazis seine Bücher ins Feuer – am Neujahrsmorgen 1934 einem Herzanfall. Seine letzte Ruhe fand er nur einen Steinwurf entfernt, auf dem Friedhof. Und zwar an dessen, vom Eingang betrachtet, rechter, also östlicher Mauer.

Adresse Fischerndorf 48, 8992 Altaussee-Fischerndorf | **Anfahrt** nach Altaussee-Zentrum, vom Parkplatz an der Kirche vorbei circa 15 Minuten zu Fuß | **Tipp** Ein paar Gehminuten weiter auf der Seepromenade, kurz hinter der Jausenstation Kahlseneck, zweigt links der Arneth-Weg ab. Als Teil der Via Artis führt er, anfangs stark ansteigend, 1.500 Meter weit westwärts durch den Wald bis zur Station V jenes Künstler-Lehrpfades, der Villa Kerry.

47__Die Sonnenuhr

Altaussees Pfarrkirche St. Ägid

Man muss ein wenig seinen Hals recken und die Augen zusätzlich scharf stellen, um die Details auszumachen. Ist der Himmel wolkenlos, wird man ob der Helle wohl auch ein wenig blinzeln. Denn dieser Zeitmesser, für dessen properen Zustand offensichtlich Klaus Maria Brandauer höchstpersönlich sorgte, prangt an einer Seitenkapelle an der Südfassade der Pfarrkirche.

Angebracht wär's und vermutlich auch im Sinne des edlen Stifters, ließe man sich für ein Weilchen auf der Bank neben dem Kriegerdenkmal, vor dem Turmportal, nieder. Lädt nicht das Schiller-Zitat förmlich dazu ein, über Ort und Zeit und beider Vergänglichkeit nachzusinnen?

Um mit dem Ort zu beginnen: An der Nordwestecke nahe dem Traun-Ausfluss, dem einzigen flachen Uferbereich des Sees, kauerte spätestens im Hochmittelalter schon, nachdem der Traungauer Markgraf Ottokar III. der Cisterze Rein bei Graz zwei Salzpfannen »am Ahornberg« (heute Sandling) geschenkt hatte, eine Siedlung. Man hatte zunächst das ansteigende Gelände in Richtung Posern und hernach auch das sogenannte Fischerfeld gerodet. An dessen Nordseite, dort, wo bereits in grauer Vorzeit eine keltische Kultstätte und später dann eine hölzerne Kapelle gestanden haben dürften, existierte schon im 12. Jahrhundert eine Kirche aus Stein. Nach 1430 erhielt sie ihren mächtigen Turm und wurde auch sonst (spät-)gotisch erweitert. An den beiden Längsseiten außen sieht man noch die Baunaht. Die wertvollsten Stücke der Innenausstattung, das Sakramentshäuschen, das Kreuz über dem Altar und die »Allerheiligenglocke« im Turm sowie die früheren Altarbilder des heiligen Ägidius und der heiligen Barbara stammen aus jener Zeit. Sein heutiges Aussehen inklusive dem neugotischen Keildach erhielt das dem heiligen Ägidius geweihte Gotteshaus im Zuge eines neuerlichen Umbaus um 1860, den Kaiser Franz Joseph I. höchstderoselbst maßgeblich unterstützte.

Adresse 8992 Altaussee-Fischerndorf, Tel. 03622/52214 | **Anfahrt** nach Altaussee-Zentrum, vom Parkplatz zehn Minuten zu Fuß | **Öffnungszeiten** tagsüber frei zugänglich | **Tipp** Das gegenüber der Kirche beginnende Sträßchen, die Altengasse, führt in ein paar Gehminuten hinauf zu der am Waldrand gelegenen Kalvarienbergkapelle. Mit deren Bau erfüllte der örtliche Steinmetzmeister Karl Köberl im ausgehenden 19. Jahrhundert ein Gelübde. 17 Jahre lang war der fromme Mann, der Gott auf diese Weise für seine Genesung von schwerer Krankheit dankte, mit ihrer Errichtung beschäftigt.

48 Der Brahms-Salon

Musikalischer Gedenkort im Hotel Seevilla

Egon Wellesz, Wilhelm Kienzl, Karl Goldmark, Hugo Wolf und Arnold Schönberg, Richard Strauss natürlich, er vor allem, und auch Gustav Mahler; gar nicht zu reden von der Vielzahl weltberühmter Sänger, Instrumentalisten, Dirigenten: Das Ausseerland ist seit alters auch ein extrem wirkkräftiger Magnet für Musiker. Wobei ihm seine enge Wechselbeziehung mit den Salzburger Festspielen als deren Keimzelle und Refugium vieler dort tätiger Künstler zusätzliche Bedeutung verlieh.

Einen Ehrenplatz auf der Liste der anwesenden Tonkünstler nimmt Johannes Brahms ein. Der gebürtige Hamburger hatte 1872 seinen Lebensmittelpunkt endgültig nach Wien verlegt. Schon 1880, im Jahr des ersten einer langen Reihe dort verbrachter Sommeraufenthalte, fuhr er von Bad Ischl herüber nach Altaussee, um seine mütterliche Lebensfreundin Clara Schumann zu treffen. Im August 1882 kam es hier zu einem denkwürdigen Konzert.

Ein gewisser Dr. Ladislaus Wagner, Universitätsprofessor sowie leidenschaftlicher Amateurmusiker und Brahmsverehrer aus Budapest, hatte sich nahe dem Seeausfluss ein Feriendomizil errichtet. Anlässlich der Fertigstellung eines eigens angebauten Musikpavillons, in dem der Hausherr künftig sommers regelmäßig Matineen veranstalten sollte, reiste Brahms erneut aus Ischl an. Im Gepäck hatte er zwei Neukompositionen: das sogenannte Frühlingsquintett in F-Dur (Opus 88) und das Klaviertrio in C-Dur (Opus 87). Deren öffentliche Uraufführung mit dem Maestro am Klavier und vor illustrer Zuhörerschaft – darunter Starchirurg Theodor Billroth und der Kritiker Eduard Hanslick – geriet zum festlich-fröhlichen Großereignis. Als Reminiszenz daran haben die Betreiber des Hotel Seevilla, das sich heute am Ort der Wagner'schen Sommervilla erhebt, einen stimmungsvollen Kaffeehausbereich namens Brahms-Salon mit zeitgenössischen Fotografien und Zeichnungen an den Wänden eingerichtet.

Adresse Fischerndorf 60, 8992 Altaussee-Fischerndorf, Tel. 03622/71302, www.seevilla.at | **Anfahrt** nach Altaussee, im Ortskern nahe Augstbach dem Wegweiser Richtung Hotel Seevilla folgen, dort großer Parkplatz | **Öffnungszeiten** sommers täglich 12–18 Uhr, winters 12–17 Uhr | **Tipp** 1884/85 verbrachte Brahms zwei lange Sommerfrischen, insgesamt neun Monate, in Mürzzuschlag. Das obersteirische Städtchen, in dem er eine Reihe wichtiger Werke, darunter seine IV. Symphonie, schrieb, wartet mit einem sehr besuchenswerten Brahms-Museum auf (www.brahmsmuseum.at).

49 Die Gradieranlage

Einmal tief durchatmen bitte!

Es ist ja nicht so, dass in Altaussee dicke Luft herrschte. Ganz im Gegenteil: Die Seehöhe von über 700 Metern sorgt im Verbund mit dem häufigen Wind, dem vielen Niederschlag und dem Wald meist für ausgezeichnete Durchlüftung und, speziell im Winter, zudem für ein anregendes Reizklima. Aus gutem Grund darf sich der Ort seit 1989 offiziell mit dem Prädikat Luftkurort schmücken. Dennoch empfiehlt es sich, der örtlichen Gradieranlage einen Besuch abzustatten. Immerhin handelt es sich dabei um die österreichweit älteste ihrer Art.

Traditionell versteht man unter Gradierwerken Anlagen zur Gewinnung von Salz. Sie bestanden aus riesigen Holzwänden, die man mit Reisigbündeln, bevorzugt solchen von Schlehdorn, verfüllte. Indem man Sole darüberleitete, verdunstete das Wasser und lagerten sich, was die Qualität des Salzes erhöhte, darin gelöste Begleitminerale an den Zweigen ab. Das Verb »gradieren« meint die schrittweise Erhöhung dieser Salzkonzentration kraft Sonne und Wind – eine Methode, die beim anschließenden Ausfällen durch Eindampfen den Holzverbrauch sparen half.

Heute ist dieses technische Verfahren bei der Salzherstellung obsolet. Gradierwerke dienen als Freiluftinhalatorien. Jenes in Altaussee wurde 1956 – in Freiwilligenarbeit – errichtet und 2011 umfassend renoviert. Das Wirkprinzip ist dabei bis heute dasselbe: Die aus den Tiefen des Salzberges zugeleitete, über das Tannenreisig rieselnde Sole (Salzsträhn) reichert die Luft mit Feuchtigkeit, Salzaerosolen und ätherischen Ölen an. Die in den Tröpfchen gebundenen Kristalle helfen, die Atemwege zu reinigen, Sekrete zu lösen und lassen Schleimhäute abschwellen. Sie lindern also, ähnlich der Meeresluft, das Leid von Pollenallergikern, Bronchien- und Asthmakranken oder beugen ihm vor. Zudem schaffen die beim Zerstäuben freigesetzten Aromen und das stete, leise Getropfe eine wohltuende, nahezu meditative Stimmung.

Adresse Fischerndorf 1207, 8992 Altaussee-Fischerndorf | Anfahrt nach Altaussee, im Ortskern nahe Augstbach dem Wegweiser Richtung Hotel Seevilla folgen, dort großer Parkplatz | Öffnungszeiten Mai–Okt. täglich frei zugänglich | Tipp Unmittelbar neben der Gradieranlage lädt ein »Generationen-Aktiv-Park« mit Bewegungsparcours und Kneippanlage samt Kaltwasserbecken zur sinnbelebenden Körperbetätigung. Angebracht findet sich dort der launige Spruch des namensgebenden Gesundheitspfarrers: »Saufa wolle sie alle, aber sterba will koiner!«

50__Die Königsgarten-Villa

Wo Torberg schrieb und Jandl malt

»Es war in den Fünfzigerjahren, als mir mein Großvater sagte: ›Der Friedrich Torberg wohnt in der Königsgarten. Der Schriftsteller. Woaßt eh!‹ In der Nacht bin ich an der Gradieranlage vorbei, den Augstbach entlanggegangen. Ganz Altaussee lag im Tiefschlaf. Ein Fenster war erhellt. Das einzige in dieser Nacht. Wie in vielen anderen Nächten auch. Rechts unten in der Königsgarten-Villa [...] Und ich sah einen Mann, der fast regungslos an diesem Tisch über Papier saß. Nur manchmal lehnte er sich zurück, und ich dachte: irgendwann einmal klopf' ich da an!«

Scheu und Bewunderung sind in der Kindheitsanekdote Klaus-Maria-Brandauers, des »Vorzeige-Sohnes« von Altaussee, deutlich spürbar. Sie dürfen nicht verwundern, war doch der aus einer deutsch-jüdischen Prager Familie stammende Torberg (1908–1979) damals längst ein berühmter Literat. Wie sehr dieser seine Ausseer Wahlheimat, die er einmal als »schönste Sackgasse der Welt« bezeichnete, ein Leben lang im Herzen trug, belegt, was er während des Zweiten Weltkriegs im fernen Kalifornien, vor den Nazihorden dorthin geflohen, wehmütig notierte: »Gelten noch die alten Strecken? Streben Gipfel noch zur Höh? Ruht im bergumhegten Becken noch der Altausseer See?«

Von den Musen geküsst waren freilich alle Bewohner dieses von wildem Wein umrankten, feudalen Anwesens: der Schriftsteller Carl von Binzer, der es um 1870 von seinem Vater erbte und ausbaute, ebenso wie der Maler Horst K. Jandl (geboren 1941), in dessen Besitz es seit 1979 ist und der in seinem darin eingerichteten Atelier bis heute der Prachtlandschaft und den Menschen seiner Heimat auf Papier und Leinwand huldigt. Und auch der Namenspatron der Villa, Ernst Königsgarten, dem sie von 1919 bis zu ihrer Beschlagnahmung durch die Gestapo als Feriendomizil diente, bewies, obwohl Unternehmer und Bankier (und Olympia-Fechter), als tatkräftiger Mäzen hohe Affinität zur Kunst.

Adresse Fischerndorf 59, 8992 Altaussee-Fischerndorf | **Anfahrt** nach Altaussee, im Ortskern nahe Augstbach dem Wegweiser Richtung Hotel Seevilla folgen, Villa linker Hand auf halbem Weg | **Öffnungszeiten** Königsgarten-Villa nur von dem Sträßchen am Augstbach aus einsehbar | **Tipp** Eine kleine Gedenktafel für Ernst Königsgarten findet sich außen an der Mauer des Altausseer Friedhofs.

51 Die Schiessstätte

Treffpunkt der »Privilegierten Schützen«

Sie ist der älteste Verein des Ortes und findet sich urkundlich erstmals auf einem Schriftstück von anno 1473 erwähnt. Ja, die »Privilegierte Schützengesellschaft Altaussee« ist ohne Zweifel ein Stück unverbrüchlicher Dorftradition. Ihre Existenz verdankt sie dem Interesse der Obrigkeit, das Schießwesen im Salzkammergut geregelt und kontrolliert zu wissen. Das Sonderrecht erlaubte »Püxenschüzen und Schiesfreinth« – (Salinen-)Beamte und Bürger die meisten, im 19. Jahrhundert dann auch Aristokraten und Geschäftsleute – den Betrieb einer legalen Schießstätte. Daneben gab es sogenannte Winkelschießstätten, wo sich hauptsächlich Arbeiter und Kleinbauern im Verborgenen ihre knapp bemessene Freizeit vertrieben.

Geschossen wurde in der Frühzeit mit dem Stahel, der Armbrust. Später bekam man huldvoll Feuerstutzen genehmigt. Heute schießt man auf 125 Meter Distanz mit Kleinkalibergewehren (22 Millimeter long rifle) und gelegentlich noch mit alten Scheibenbüchsen. Über die Jahrhunderte nutzte die Gesellschaft – von deren aktuell 285 Mitgliedern übrigens ein Drittel weiblich ist – wechselnde Standorte. Die jetzige Heimstatt wurde in den 1880er Jahren erbaut. Vor Kurzem installierte man ein elektronisches Messsystem mit Monitoren und Zielautomaten. Doch der traditionelle Beschuss, bei dem die Zieler bei den Scheiben oben vom betonierten Graben aus die Treffer ablesen und den Schreibern unten im Tal mit dem Zielerlöffel anzeigen, ist weiterhin möglich.

»Mia san kane Sport-, sondern Traditionsschützen«, schmunzelt Oberschützenmeister Franz Pichler, im »Zivilberuf« Wirt am Kahlseneck unten am See. Sicher wolle jeder gewinnen, »aber trainieren tan ma net«. Fast so wichtig wie der Wettkampf seien Brauchtumspflege und der gesellige Rahmen. Ob Fest-, Gedenk- oder Kranzlschießen: Bei der Siegerehrung hat die Schützenmusi aufzuspielen. Und danach ist ein zünftiger Schmaus obligat.

Adresse Puchen 79, Lupitschstraße, 8992 Altaussee-Puchen, www.privilegierte-schuetzen.at | **Anfahrt** nach Altaussee, am Südrand des Ortskerns in der scharfen Rechtskurve geradeaus den Wegweisern zur Ruine Pflindsberg folgen, nach 250 Metern links und 400 Meter weiter Richtung »Lupitsch« | **Öffnungszeiten** Betrieb: Mai, Juni–Okt./Nov. an circa zehn Terminen, Gäste willkommen, Voranmeldung erbeten; im Winter Eisstockschießen neben dem Schützenhaus | **Tipp** Auch schon weit über 100 Jahre liegt die Gründung der »Augstbachler Schützengesellschaft« zurück. Ihre Mitglieder rekrutieren sich traditionell aus der einfachen Bauernschaft, aus Salinen- und Forstarbeitern. Geschossen wird am Schießstand an der Blaa-Alm-Straße mit Luftdruckgewehren (www.augstbachler-schuetzen.at).

52 Die Burgruine Pflindsberg

Ein steiniger Gruß aus dem Mittelalter

Ihr Standort zählt zu den lohnendsten Wanderzielen im Nahbereich von Altaussee, und der Blick von der 950 Meter hohen Hügelkuppe auf Wald, Berge und See ist in der Tat zauberhaft. Man kann verstehen, dass die Bundesforste hier oben, auf halbem Weg zwischen den Ortsteilen Lichtersberg und Lupitsch, eine Aussichtswarte bauen ließen. Doch darf man sich von der Idylle nicht täuschen lassen: Die Burg Pflindsberg ist, historisch betrachtet, eine Stätte der Düsternis. Wenngleich hochinteressant.

Erbaut wurde sie um 1250 vom Salzburger Erzbischof Philipp von Spanheim. Dieser, eine geld- und machtgierige Abenteurernatur, hatte nach dem Tod Herzog Friedrichs II., des letzten Babenbergers, weite Teile des steirischen Ennstals und somit auch das Ausseerland mit Waffengewalt besetzt. Die neue Wehranlage sollte das nahe Salzbergwerk am Sandling, die Saline und den uralten Saumpfad über den Pötschenpass schützen. Und natürlich Philipps Machtanspruch untermauern. Zur Hofhaltung war er freilich nie gedacht.

Pflindsberg, der Name leitet sich vom mittelhochdeutschen »vlins« (Kies, Fels) ab, gelangte dann bald in landesfürstlichen Besitz, wurde zur strategisch bedeutsamen Grenzfeste ausgebaut und entwickelte sich zum Verwaltungsmittelpunkt einer eigenständigen Herrschaft, deren Zuständigkeitsbereich neun Zehntel aller Güter des Ausseerlandes umfasste. Parallel fungierte die Burg eine Zeit lang als Sitz des für die Saline zuständigen Pflegeamtes. Und vom späten 15. bis ins mittlere 18. Jahrhundert, ehe man sie dem Verfall preisgab, als Gefängnis des Landgerichts.

Heute ist von dem nahezu quadratischen Bau mit dem kleinen Torturm an der Ostseite und dem vorgesetzten Bergfried an der Westseite bloß noch ein spärlicher Rest erhalten. Im Sommer von Unkraut umwuchert, kann man das mürbe Gemäuer als Denkmal sehen, das daran erinnert, in welch herrlich hellen, friedvollen Zeiten wir leben.

Adresse 8992 Altaussee-Lichtersberg | **Anfahrt** nach Altaussee, am Südrand des Ortskerns in der scharfen Rechtskurve geradeaus den Wegweisern zur Ruine Pflindsberg folgen, auf der Forststraße hinauf in den Wald, dort links zur Schlosswiese und weiter zur Ruine | **Öffnungszeiten** Ruine und Aussichtsturm ganzjährig rund um die Uhr frei zugänglich | **Tipp** Für den Rückweg empfiehlt sich die südliche Wegschleife, vorbei am wildromantischen Trattenbach-Wasserfall. Die Gehzeit beträgt circa eineinhalb Stunden.

53 Der Römerweg

Antike Funde beim Michlhallberg

Zu erkennen gibt es vor Ort so gut wie nichts. Eine Forststraße, dann ein Waldpfad – idyllisch gewiss, aber nicht anders als viele Wege in der Region. Doch stapft man mit Matthias Pointinger hier, nordwestlich von Lupitsch, am sogenannten Michlhallberg durch den Leislingwald, versteht man bald die historische Bedeutung dieses Landstriches. Und erahnt, etwas Phantasie und guten Willen vorausgesetzt, den Verlauf jener Wegtrasse, die erwiesenermaßen vor fast 2.000 Jahren schon hier entlangführte.

Über 20 Jahre lang hat der gelernte Förster im Team mit dem Heimatforscher Karl Gaisberger und Gleichgesinnten als »Archäologische Arbeitsgemeinschaft Salzkammergut« ehrenamtlich die Region nach frühen menschlichen Spuren abgesucht. Vom Resultat seiner Recherchen, von Sondierungen und Grabungen weiß er mit infektiöser Begeisterung zu erzählen. Ganz in der Nähe zum Beispiel, in der Pötschenwand, kam jüngst ein Schatz von 170 römischen Münzen zum Vorschein. Drüben im Koppental ergrub man im Bereich der Koppentretalm die Reste einer römischen Raststation und auch unterhalb der heutigen Straße antike Relikte sowie, tiefer im schottrigen Erdreich, einen Brandopferplatz von 1200 vor Christus mit einem kultisch vergrabenen Schlüssel. Und 2018 erst wurden in Bad Mitterndorf 576 prägefrische Silberdenare, eine römische Militärkasse vermutlich, zutage gefördert.

Hier am Michlhallberg (was so viel wie »großer Salzberg« heißt), an einer Stelle, die man »In der Hofstätte« taufte, gab der Boden diverses Eisengerät, Holzbohrer, Äxte, aber auch das Antriebselement einer Mühle, Münzen, Fibeln und Keramikfragmente frei. Und entlang der eingangs erwähnten ehemaligen ungepflasterten Wegtrasse fand man mehr als 100 Hipposandalen – eine Art eiserne Pferdeschuhe, welche die Hufe schützten und heute wie so viele andere Funde im Kammerhofmuseum (siehe Ort 7) zu bewundern sind.

Adresse Leislingwald, Michlhallberg, 8992 Altaussee-Lichtersberg; Zugang von der Ruine Pflindsberg | **Anfahrt** westwärts Richtung Waldgraben und weiter bis zum Abzweig zur Halleralm, gänzlich verschwundene Römersiedlung ein paar Schritte entfernt; »Hofstätte« ein kleines Stück weiter, wenige Höhenmeter oberhalb der Forststraße | **Tipp** Folgt man dem beschriebenen Weg durch den Leislingwald weiter Richtung Westen, gelangt man nach einer knappen Stunde gemütlichen Wanderns zum wunderschön auf 850 Metern Seehöhe gelegenen Berggasthaus Halleralm (Bad Goisern, Pichlern 18, Tel. 06135/8122, ganzjähriger Betrieb).

54 Der Moosberg

An der Wiege des Ausseer Salzabbaus

Ökonomisch und auch sozialgeschichtlich betrachtet liegt das wahre Herz des Ausseerlandes im Inneren des Sandling. Das dort in rauen Mengen eingelagerte »Weiße Gold« bescherte der ansässigen Bevölkerung seit alters ein sicheres Auskommen und den Herrschern über das Land immensen Reichtum. Seine Gewinnung bewirkte im Laufe ihrer Geschichte die Herausbildung einer hoch spezialisierten und selbstbewussten Bergarbeiterschaft, aus der sich im Beamtenstand eine Art »Bergadel« entwickelte.

Ob Menschen hier, im äußersten Nordwesten der heutigen Steiermark, schon in der Bronze- und Römerzeit Salz abbauten? Manches spricht dafür, doch bewiesen ist es bis dato nicht. Fest steht, dass an der Südwestseite des Sandling schon um 800, als vermehrt Bajuwaren in die zuvor überwiegend von Slawen besiedelte Region zuwanderten, Sole gewonnen und zum Versieden in Holzrinnen westwärts, nach St. Agatha, befördert wurde. Jener Salzberg, genannt Michlhallberg, blieb bis 1546 in Betrieb. Als eigentlicher Geburtsakt gilt die Schenkung zweier Salzpfannen an der Ostflanke des Sandling durch den steirischen Markgrafen Ottokar III. an das Stift Rein bei Graz Mitte des 12. Jahrhunderts. Dessen Mönche hatten dann die glorreiche Idee, den über Tage sprudelnden salzigen Quellen nach unter Tage zu folgen, wo sie reiche Lagerstätten fanden und in der Folge vermutlich als weltweit Erste ein Laugwerk und damit den Lösungsbergbau betrieben.

Eindrückliches Zeugnis aus jener montanistischen Pionierzeit ist der Moosberg-Stollen. Sein Eingang liegt unweit der waldigen Kuppe des Dietrichskogels, in unmittelbarer Nähe des namensgebenden Niedermoores, und wurde auf Geheiß Leopolds VI. aufgeschlagen, jenes Babenbergerherzogs, der nur zwei Jahre später, 1211, Stift Rein die Bergbaurechte mit einer jährlichen Geld- und Salzrente ablöste und so zum ersten weltlichen Herrn über das gesamte Ausseer Salinenwesen wurde.

Adresse 8992 Altaussee-Lichtersberg; Stolleneingang an einer Forststraße nordwestlich des Dietrichskogels | Anfahrt nach Altaussee, Zugang auf der Via Salis entweder von Norden von den Steinberghäusern, dem Eingang zu den Salzwelten, oder von Süden aus Richtung der Ruine Pflindsberg | Tipp Der Moosberg, der als Abbauhorizont fast 700 Jahre lang in Verwendung stand, dient nach wie vor der Ausleitung von Grubenwassern und ist für betriebsfremde Personen nicht zugänglich, sein Portal jedoch einsehbar. Ebenfalls von außen zu sehen ist das Portal des 1147 erstmals urkundlich erwähnten, längst verfallenen Ahornbergstollens circa 300 Meter weiter nordwestlich.

55 Die Barbarakapelle

Spirituelles Zentrum im Salzbergwerk

Vom Burgschauspieler Richard Eybner, der als Feriengast vor Ort reichlich meteorologische Erfahrung sammelte, stammt der Ausspruch, die Gegend sei nur »für gescheite Leute. Denn die Blöden ärgern sich, wenn es regnet, und fahren wieder weg«. Sollten Westwind, Wolken und die berühmt-berüchtigte Nordstaulage bewirken, dass es in der Tat gießt (was klimawandelbedingt inzwischen merklich seltener geschieht, als das Klischee besagt), bietet Altaussee eine spannende Ausweiche: eine Exkursion in eines der ältesten Salzbergwerke Europas.

Von einem Knappen kundig geleitet, stapft man vom Steinberghaus, das bis 1961 als obertägige Betriebszentrale diente, hinein in die ganzjährig sieben Grad kalte Finsternis. Zunächst geht es die schmalen Schienen für die Hunte entlang einen Kilometer weit durch Kalkfels. Dann überschreitet man die »Salzgrenze« und taucht in die Zone des vom Salz und von anderen Mineralien orangerot schimmernden Haselgebirges. Unterwegs bekommt man die Geologie dieses »Schicksalsberges«, die Funktionsweisen der alten Laugwerke, der modernen Bohrlochsonden und der insgesamt acht Horizonte (Etagen), aber auch vielerlei zu Mythologie und Kulturgeschichte des Weißen Goldes erklärt. Dann geht es über Holzrutschen hinab zum Salzsee, wo eine »Sound & Light Show« die Teilnehmer verzaubert.

Einen Höhepunkt des Rundgangs markiert die Barbarakapelle. Sie wurde 1935 zum Gedenken an den im Jahr zuvor in Wien ermordeten Bundeskanzler Engelbert Dollfuss errichtet und ist der heiligen Barbara von Nikomedien, Schutzpatronin aller Bergleute, geweiht. Von ihr findet sich eine gotische Statue im linken Seitenraum der Kapelle. Sie schmückte, wie auch der Spätrenaissance-Altar und das barocke Bild der Muttergottes mit Kind, ursprünglich die Ausseer Spitalkirche. Die Rückwand des Altars wurde, wie sich's gehört, von ansässigen Steinmetzen aus Steinsalzziegeln geschichtet.

Adresse Lichtersberg 25, 8992 Altaussee-Lichtersberg, Tel. 06132/2002400, www.salzwelten.at | **Anfahrt** nach Altaussee, Eingang zu den Salzwelten circa drei Kilometer oberhalb des Ortes, nur mit dem Auto oder zu Fuß über Blaa-Alm- und Salzbergstraße erreichbar | **Öffnungszeiten** Dauer der Führungen: 90 Minuten, Wegstrecke: 2,5 Kilometer; Kinderführungen mit Salty Sally, der Grubenente; kein Zutritt für Tiere, Kinder erst ab vier Jahre; warme Kleidung und feste Schuhe obligat | **Tipp** Feinschmecker aufgepasst: Der Sohn des Wirtes des Jagdhauses auf der Seewiese, der Haubenkoch Dominik Utassy, betreibt nahe der Straße zur Blaa-Alm das Gourmetlokal Geiger Alm (Tel. 0660/9390028, www.geigeralm.at, ganzjährig ab 18 Uhr, winters in den Ferien und an Wochenenden zusätzlich 11 – 14 Uhr als Skihütte).

56_Das Springerwerk

Wo Hitler seine Raubkunst versteckte

Die Story ist haarsträubend und krimihaft spannend zugleich – wie geschaffen für großes Kino: Ein räuberisches Regime, angeführt von einem sammelwütigen Diktator, der aus Museen, Kirchen, Klöstern und Privatbesitz in ganz Europa kostbare Kunstgüter zusammengerafft hat, gerät in Bedrängnis. Als die alliierten Gegner näher rücken, sucht man für das Diebesgut hektisch nach einem bombensicheren Versteck. Und wird in Altaussee fündig. Das Klima in der Salzmine ist ideal. Also installiert man tief im Berg einen temporären Kunstspeicher. Und im Herbst 1943 rollen die ersten Züge aus München und Wien in Bad Aussee ein, schleppen Raupenfahrzeuge das Diebesgut durch den Tiefschnee hinauf zum Tor des Steinbergstollens.

6.577 Gemälde, 230 Zeichnungen und Aquarelle, 954 Grafiken, 137 Plastiken, 122 Tapisserien und an die 2.000 Bücherkisten werden US-Soldaten nach dem 8. Mai 1945 bei der Evakuierung registrieren. Einen Monat zuvor noch haben die Nazis zusätzlich acht schwere Kisten mit der Aufschrift »Vorsicht Marmor. Nicht stürzen!« eingelagert. Sie enthalten je eine 500-Kilo-Bombe. August Eigruber, Chef des »Reichsgaus Oberdonau«, will das Bergwerk in die Luft jagen, »damit der Schatz nicht in die Hände des kapitalistischen Weltjudentums fällt«.

Dem Anfang Mai folgenden Bemühen von Bergarbeitern, Salinendirektion und Antifaschisten, die einzigartige Kunstkollektion – und zugleich ihre berufliche Zukunft – zu retten, sowie dem heroischen Einsatz der von Präsident Roosevelt entsandten Kunstschutzoffiziere hat George Clooney mit »Monuments Men« ein filmisches Denkmal gesetzt. Im sogenannten Springerwerk informiert seit 2019 eine Ausstellung, zeitgemäß inszeniert, über Anlage und Inhalt dieses einstigen Zentraldepots. Auch Repliken von hier verwahrten Meisterwerken (etwa dem Genter Altar) sowie noch mit originalen Holzregalen ausgestattete Lagerräume sind dort zu sehen.

Adresse Lichtersberg 25, 8992 Altaussee-Lichtersberg, Tel. 06132/2002400, www.salzwelten.at | **Anfahrt** nach Altaussee, Eingang zu den Salzwelten circa drei Kilometer oberhalb des Ortes, nur mit dem Auto oder zu Fuß über Blaa-Alm- und Salzbergstraße erreichbar | **Öffnungszeiten** Spezialführungen »Bombs on Michelangelo« im Schaubergwerk: Juli, Aug. jeden Mi, Start im Steinberghaus um 17 Uhr, Infos und Buchung unter Tel. 06132/2002400 oder online | **Tipp** Bei der Fahrt von Bad Ischl Richtung Gmunden ist kurz vor Ebensee rechts der Straße das Hauptwerk der Saline Austria AG zu sehen. Darin werden aus der von Altaussee und Hallstatt zugeleiteten Sole mit modernsten energiesparenden Methoden 1,2 Millionen Tonnen des Weißen Goldes, unter anderem das bekannte »Bad Ischler Speisesalz«, im Jahr produziert.

57 Die Salinenmusikkapelle

Musikalische Muntermacher aus Tradition

Die Chancen, ihre schneidigen Polkas und flotten Walzer, die Heimatlieder oder auch Trauermärsche durch den Ort wehen zu hören, stehen an jedem x-beliebigen Tag zu jeder Saison gut. Denn die Salinenmusikkapelle Altaussee rückt über das Jahr gesehen mehr als 140 Mal aus. Ob bei kirchlichen Feiern oder Festempfängen, bei Bergfesten, Hochzeiten oder Begräbnissen: Die Mannen und Frauen in schwarzer Tracht mit dem Kalpak und Federbusch auf dem Kopf begleiten ihre Heimatgemeinde in Freud und Leid. Und wirken dabei auch als musikalische Botschafter des Ausseerlandes.

2022 feierte das aus der dörflichen Alltagskultur nicht wegzudenkende Traditionsensemble sein 170-jähriges Bestandsjubiläum. Ihren ersten öffentlichen Auftritt hatten die damals 36 Männer der »K. u. k. Bergmusikkapelle Altaussee« zum Fest der Musikpatronin, der heiligen Cäcilia, im November 1852. Nur zwei Wochen später gaben sie mit ihren Klängen zahlreichen Kameraden, den Opfern eines verheerenden Grubenbrandes im Salzbergwerk, das letzte Geleit. Seit damals war die Kapelle mit Ausnahme zweier Unterbrechungen in den Weltkriegen bei so gut wie jedem bedeutenden Ereignis der Dorfchronik dabei.

Als eine der sechs Musikkapellen der Salinen Austria – die anderen sind in Hallstatt, Bad Ischl, Ebensee, Bad Dürrnberg und Hall in Tirol beheimatet – sehen sich die Altausseer Musiker wie eh und je der Pflege der Bergmannstradition verpflichtet. Um die 60 an der Zahl, sind sie heute so viele wie noch nie und kennen auch keine Nachwuchsprobleme. Im Gegenteil: Wenn sie mit Klarinette und Piccolo, Trompete, Horn und Posaune im Gleichschritt, von Fähnrichen und Marketenderinnen angeführt, durch den Ort marschieren oder im Pavillon des Kurparks, von Kapellmeister Andreas Langanger einfühlsam geleitet, Konzerte geben, ist die kollektive Freude am Spielen bei Jung und Alt nicht zu übersehen und vor allem nicht zu überhören.

Adresse Probenraum der Salinenmusikkapelle: Salzberg-Loserstraße 156, 8992 Altaussee-Altaussee, www.salinenmusik-altaussee.at | Anfahrt nach Altaussee-Zentrum, beim Berndl-Wirt links gegen die Einbahn | Öffnungszeiten Sommerkonzerte im Pavillon des Kurparks Juli, Aug. jeden Freitagabend (einmal im Jahr dabei auch der sehr sehenswerte »Knappentanz«) | Tipp Aus der Kapelle hervorgegangen sind als weitere Ensembles das Bläserquartett, die Bierzeltmusi, die Klarnarchisten und die Mini-Salzberg-Musi.

58 Der Wochenmarkt

Fundgrube für Feinschmecker und Souvenirjäger

Einheimische beklagen – es ist ein auf dem Land verbreitetes Phänomen – die zusehende Ausdünnung der Sozialstruktur im Dorf. Vor ein, zwei Generationen noch habe es deutlich mehr Lokale, Wirtshäuser, Cafés, Jugendtreffs, aber auch Geschäfte gegeben. Die Gründe dafür? Wohl ein ganzes Bündel. Die schwierige Jobsituation. Die rapide wachsende Zahl an Zweitwohnbesitzern, deren Ferienwohnungen und Chalets die meiste Zeit des Jahres über leer stehen. Auch die Magnetkraft der Großstadt, die bessere Karrierechancen und Kurzweil verspricht.

Umso verdienstvoller ist das Bemühen umtriebiger Altausseer, die Geselligkeit, vom Schützen- und Sportverein bis zu Brauchtumsfesten und Blasmusik, zu pflegen, ja das einschlägige Angebot tunlichst zu erweitern. Eine noch junge Initiative, die auch Kurzzeitgästen des Ortes zugutekommt, ist der Wochenmarkt, den ein Organisationsteam um Barbara Ronacher und Franz Pichler mitten im Sommer des ersten Jahres der Coronapandemie ins Leben gerufen hat. Er ist inzwischen zur weithin geschätzten Fixeinrichtung geworden und bietet einerseits eine Fülle hochwertiger Waren aus der Region, andererseits trifft man sich im Schatten der alten Bäume zum gemütlichen Schwatz bei einem Gläschen und lässt sich dabei von den »Standlern«, Direktvermarktern allesamt, kleine Leckerbissen zum Verkosten reichen.

Ein Rundgang offenbart ein für Feinschmecker wie Freunde des qualitätvollen (Kunst-)Handwerks und Flohmarktfans attraktives Sortiment. Da finden sich Fleisch-, Fisch- und Milchprodukte, Brot, Gemüse, Honig, Schnäpse, Säfte, Weine, Öle und Essige neben Seifen, Gläsern, Handbedrucktem, Selbstgetöpfertem und -genähtem. Auch gehobener Trödel, Nippes, Bücher, Gewand und Geschirr werden zugunsten der Hospiz-Bewegung feilgeboten. Schwer vorzustellen, hier nicht mit Urlaubsproviant oder zumindest einem ortstypischen Souvenir von dannen zu ziehen.

Adresse im Kurpark vor dem Kur- und Amtshaus, Fischerndorf 61, 8992 Altaussee-Fischerndorf | Anfahrt nach Altaussee-Zentrum | Öffnungszeiten Anfang Mai – Ende Sept. bei jeder Witterung Sa 8 – 12 Uhr | Tipp Jeden Dienstag (und in den Sommerferien auch freitags) von 16 bis 19 Uhr hält der Sozialkreis Altaussee im zweiten Stock des Volkshauses, gegenüber dem Kurpark, unter dem Motto »Zu schade für die Motten« einen Tauschmarkt für Secondhandkleidung ab. Vorbeischauen lohnt, die Auswahl ist groß, die Qualität hoch. Zudem dienen die Einkäufe einem guten Zweck.

59 Die »Altaussee«

An Bord von Österreichs erstem Solarschiff

Durch die Wellen pflügen, stampfen, dampfen, tuckern: nein, jene Verben, mit denen man die Fortbewegung motorisierter Wasserfahrzeuge für gewöhnlich umschreibt, wirken im Falle der »Altaussee« ganz und gar unangemessen. Leise surrendes Gleiten trifft die Sache schon viel besser. Tatsache ist, dass man vom Ufer aus das Nahen dieses Rundfahrtschiffes, des einzigen übrigens auf dem gleichnamigen See, kaum bemerkt. Höchstens die Kommentare des Kapitäns via Bordlautsprecher künden davon. Und als Nachhall das Plätschern des Wellenschlags auf dem Uferkies. »Im Vergleich zu dieselbetriebenen Schiffen spart dieses im Jahr 17 Tonnen CO_2 ein«, erzählt Doris Cuturi-Stern, Geschäftsführerin der Betreiberfirma Stern. Und fügt mit berechtigtem Stolz an, dass die Fahrstromkosten per anno bloß 1.500 Euro ausmachten. »Den Rest fahren wir mit der Kraft der Sonne.«

Öffentlichen Bootsverkehr gab es in Altaussee bereits zu Beginn des 20. Jahrhunderts. Schon damals existierte im Südteil der Seewiese ein Ausflugslokal. Und schon dessen Gäste reisten – meist vom Steg des heutigen »Hotel am See« – übers Wasser an. In den 1980er und 1990er Jahren ruhte die Konzession. 2010 schließlich, zwischendurch hatte ein Privatier sein Unternehmerglück versucht, spannten Gemeinde und Stern Schifffahrt GmbH zusammen.

Die in Gmunden ansässige Familienfirma, die auch diverse Nebenbahnen und den Schiffsverkehr auf dem Attersee betreibt, stöberte im fernen Saarland ein geeignetes Gefährt auf. Man ließ es restaurieren und auf Elektroantrieb umrüsten. Und Anfang Mai 2011 rollte der 1998 in der Korneuburger Werft bei Wien gebaute Katamaran, 25 Meter lang, 17 Tonnen schwer und mit reichlich Solarpanelen am Dach, per Tieflader in seiner neuen Heimat ein. Wo er seither, in der warmen Jahreszeit vier- bis sechsmal täglich, zwischen Altaussee und der Seewiese pendelt und mit stiller Eleganz seinen Dienst verrichtet.

Adresse Anleger: Altaussee Schifffahrt GmbH, Fischerndorf 158, 8992 Altaussee-Fischerndorf, Tel. 03622/20501, www.altausseeschifffahrt.at | **Anfahrt** nach Altaussee-Zentrum, vom zentralen Parkplatz zwei Gehminuten Richtung Kirche, beim Gasthof Leuner rechts zum Seeufer | **Öffnungszeiten** Fahrbetrieb: Anfang April–Ende Okt. | **Tipp** Nach absolvierter Rundfahrt empfiehlt sich direkt am Anleger, im Haus Madlmaier, die Einkehr in der »Seelounge Altaussee 712«. Hier gibt es Snacks, selbst produziertes Eis und Kaffee, außerdem kann man Plättenfahrten buchen sowie Elektro- und Tretboote ausleihen (bei Schönwetter täglich außer Mo 10–20 Uhr).

60 Der Alpinist Paul Preuß

Ein Pionier des Freikletterns

Folgt man dem Weg um den Altausseer See im Uhrzeigersinn, sieht man kurz nach dem Kahlseneck rechter Hand eine Säule aus der Wiese ragen. Sie trägt das scherenschnittartige metallene Brustbild eines Mannes mit Seil und Felshammer – eines Bergsteigers offensichtlich. Der Standort des Denkmals mit Blick auf den Dachstein hätte dem Geehrten zweifellos gefallen. Noch mehr behagt hätte ihm der Gedenktext unter seinem Konterfei: »Paul Preuß hat die Geschichte des Alpinismus entscheidend geprägt. Mit dem Eintreten für einen reinen Kletterstil ohne Hilfsmittel wurde er zum Vordenker des Freikletterns. Seine Ideen, Schriften und Aussagen zum Alpinismus – im Satz ›Das Können ist des Dürfens Maß‹ zusammengefasst – gelten heute noch.«

Preuß wurde am 19. August 1886 als Sohn eines ungarischen Musikers jüdischer Abstammung und einer Elsässerin in Altaussee geboren. Er durchstreifte schon früh die Berge der Umgebung. Doch erst 1908 unternahm er im Gesäuse die aus seiner Sicht »erste Tour mit sportlichem Wert«. Ab da absolvierte er in nur fünf Jahren 1.200 Fels-, Eis- und Skitouren, davon 150 Erst- und 300 Alleinbegehungen. Im Oktober 1913 stürzte er, allein unterwegs, auf dem Gosaukamm in den Tod.

So wie mit seinen bahnbrechenden Leistungen im Fels schockierte Preuß die Szene auch mit seinen Thesen zur Ethik des Freikletterns. Als promovierter Botaniker, präziser Denker und blendender Redner, der große Vortragssäle füllte, auch intellektuell ein Überflieger, postulierte er den Verzicht auf jegliche technische Hilfsmittel. Die »sportphilosophischen« Diskussionen, die er damit auslöste, wirken bis heute nach. Nicht zufällig bezeichneten ihn spätere Free-Solo-Giganten wie Alexander Huber oder David Lama als »geistigen Vater« und »Begründer des Freikletterns«. Und Reinhold Messner urteilte lapidar: »Kein anderer Alpinist hat für unser Tun eine größere Bedeutung als Paul Preuß.«

Adresse 8992 Altaussee-Fischerndorf | Anfahrt nach Altaussee-Zentrum, vom Parkplatz an der Kirche vorbei, 15 Gehminuten östlich der Kirche, am nördlichen Seeufer, kurz nach der Jausenstation Kahlseneck | Tipp Das Grab des Jahrhundert-Kletterers findet sich auf dem Friedhof von Altaussee, rechts vom Eingang an der östlichen Mauer. Aktuelle Infos über drei Dutzend Klettersteige in der Region, unter anderem auf den Traweng (Tauplitz), den Loser und an der Gößlerwand, liefert das Tourismusbüro Salzkammergut (www.salzkammergut.at).

61 Die Trisselwand

Ein geologisches Wahrzeichen

Sie bildet in Kombination mit dem See, in dessen Wasser sie sich bei Windstille eindrucksvoll spiegelt, das klassische Landschaftstableau des Ausseerlandes. Ihre Majestät die Trisselwand mag mit ihren 1.754 Metern messtechnisch nur irgendwo im unteren Mittelfeld des regionalen Gipfelhöhen-Rankings liegen. Doch macht ihre 600 Meter hohe, Richtung (Süd-)Westen zum Wasser hin abfallende Felswand sie zu einer herausragenden Erscheinung.

Diesem »kleinen« Koloss lässt sich auf mehrerlei Art zu Leibe rücken: etwa indem man ihn als alpinistische Herausforderung begreift. Der (vergleichsweise) kommode Weg auf seinen flachen, aussichtsreichen Gipfel führt in circa vier Gehstunden vom Parkplatz Tressensattel über Wiesen, später durch Hochwald sowie mit Latschen bewachsenes Geröll- und Felsgelände. Als Alternative bietet sich, freilich nur für eine beherzte Minderheit, die Eroberung in der Senkrechten an. Die diversen Kletterrouten durch die Südwest- und Westwand rangieren zwischen anspruchsvoll und extrem schwierig. Den Westpfeiler hat erstmals 1911 der legendäre Freikletterer Paul Preuß (siehe Ort 60) bezwungen.

Geologisch besteht die Trisselwand, was ihr wohl vom altslawischen Wort »drstelj« abgeleiteter Name wörtlich besagt, aus Kalk, Sand, »zerkleinertem Gestein«. Für uns zweibeinige Erdenwürmer übrigens nur schwerlich vorstellbar, von Experten aber als Faktum beglaubigt: Noch während der jüngsten Eiszeit flossen die Gletscher, die dem Land den letzten Schliff gaben, hoch über ihren Gipfel hinweg.

Ungleich poetischer ist folgendes kleine, vermutlich von einem Anonymus verfasste und gern zitierte Gedicht: »Einst sprach der Loser sehr galant zur Nachbarin der Trisselwand / Ach kommen sie doch bitte, / heut Nacht in meine Hütte! / Die Trisselwand nicht ganz aus Stein / sie sagt nicht ja, sie sagt nicht nein, / sie färbt sich langsam rosa / und flüstert leis: ›Du, Loser!‹«

Adresse südöstlich des Sees, 8992 Altaussee | Anfahrt nach Altaussee Strandcafé, zu Fuß von ebendort; alternativ: von Grundlsee Richtung Obertressen den Wegweisern folgend zum Parkplatz Tressensattel, Aufstieg von dort auf dem Alpin-Weg Nr. 233/234 in circa 2,5 Stunden durch zunehmend steiles Gelände über knapp 900 Höhenmeter; festes Schuhwerk und Regenschutz, gute Kondition, Trittsicherheit und Schwindelfreiheit unerlässlich; unterwegs keine Einkehrmöglichkeit | Tipp Konditionsstarke wandern nach dem Gipfelsturm auf dem Weg 234 Richtung Nordosten in circa drei Stunden weiter bis zum Appel-Haus, ins Herz des Toten Gebirges.

62 Die James-Bond-Tour

Zu den Drehorten des 007-Streifens »Spectre«

Man muss sich den Auflauf nur einmal bildlich vorstellen: eine gut 300-köpfige Filmcrew, 60 Trucks und Begleitwagen, dazu 15 Boote und etliche Hubschrauber – zum Transport, für die Kameras, für Lawinensprengungen, allfällige Rettungsflüge … Gewiss, als langjähriger Chef der Altausseer Feuer- und Wasserwehr hat Werner Fischer viele aufwendige Drehs mitorganisiert. Aber der Einsatz für den Bond-Thriller »Spectre« damals, Anfang Jänner 2015, war der mit Abstand aufregendste. Action pur.

Der Einsatz dauerte unterm Strich nicht einmal drei Tage. Aber Werner schüttelt aus seinem Gedächtnis Fakten und Anekdoten ohne Ende. Wenn er wieder einmal zum Schiffsausflug »Auf Bonds Spuren« geladen hat, plaudert er via Mikrofon hörbar vergnügt aus dem Nähkästchen, beschreibt etwa, wie das tiefwinterlich graue Wetter seinerzeit genau für die gewünschte gespenstische Stimmung sorgte. Wie der ganze See zur Sperrzone erklärt und das Hotel Seevilla, in dem das Team, auch Daniel Craig alias 007 himself, logierte, hermetisch abgeschirmt wurde.

Beim kurzen Landgang hinten an der Seewiese zeigt er Gästen gern auf einem Flatscreen die hier entstandenen Takes – die Schlüsselszene im Jagdhaus, wenn Bond dem mysteriösen Ex-Agenten Mr. White begegnet. Und er merkt an, dass die Briten an der Originalhütte bloß kosmetische Veränderungen vornahmen, sie drehbuchgemäß final hingegen als Nachbau in ihren Pinewood Studios bei London in die Luft jagten.

Auf der Rückfahrt verrät Werner noch, dass das Management die Produktion stets geheimniskrämerisch mit dem Code B24 bezeichnete – »Spectre« war seit dem Erstling mit Sean Connery 1962 der 24. Kino-Bond – und alle Beteiligten per Vertrag zu strikter Diskretion verpflichtete. Zum Schluss lässt er trotzdem eine Fotomappe herumgehen, denn die Lizenz zum Schießen einiger Erinnerungsbilder vom Dreh hatten die Ausseer dann doch erhalten.

Adresse 8992 Altaussee | Anfahrt nach Altaussee und zum Schiffsanleger | Öffnungszeiten circa einstündige Schiffsexkursion an Bord der »Altaussee«, im Sommerhalbjahr regelmäßige Termine mehrmals in der Woche, Auskunft und Anmeldung unter Tel. 03622/20501 oder www.altausseeschifffahrt.at | Tipp Eingefleischten Fans von 007 sei der Besuch der James-Bond-Erlebniswelt, einer cineastischen Hightech-Galerie, im Tiroler Skiort Sölden, einem weiteren Drehort von »Spectre«, empfohlen (www.007elements.soelden.com).

63 Die Seewiese

Biotop, Kraft- und Weideplatz

Es gibt Landschaften auf dieser Welt, die man mit gutem Grund im Verdacht haben kann, bloß als Ansichtskarten zu existieren. So kitschig schön präsentieren sie sich dem Betrachter, dass der eine innere Stimme warnen hört: »Ein solch perfektes Idyll, Vorsicht! Das kann gar nicht sein!«

Zu diesen von der Natur gesegneten Flecken Erde zählt – wer sie jemals in natura sah, wird dem rückhaltlos beipflichten – die Seewiese. Die etwa sieben Hektar große Fläche erstreckt sich am Ostufer des Altausseer Sees und bildet mit ihren ausgedehnten Blumen- und Feuchtwiesen und den vitalen Beständen an Laubbäumen, Ahornen, Buchen und Eschen, aber auch dank der bewusst meterhoch stehen gelassenen Baumstümpfe, des dichten Seggengrases und des vielen von Flechten und Moosen bewachsenen Bruchgesteins einen ökologisch überaus kostbaren Rückzugsraum für seltene Pflanzen und Tiere.

Zugleich jedoch wird die Seewiese seit alters intensiv als Jagdrevier und Weideland genutzt. Im Namen des Astersees, einer stark verlandeten besseren Lache an ihrem Ostrand, steckt die mittelhochdeutsche Bezeichnung für »Weidefläche«. Einst war die mit riesigen Felsbrocken übersäte Wiese Ziegen vorbehalten, die man wegen des starken Verbisses von Nutzhölzern auf Distanz zum Wald hielt. Der Flurname des 45 Gehminuten taleinwärts gelegenen »Gaisknechtsteins« erinnert daran. Im Sommer ernteten die Bauern hier traditionell viel Heu, das sie in Hütten lagerten und winters auf ihren »Hörnerschlitten« über das Eis des zugefrorenen Sees ins Dorf beförderten. Hier wuchsen auch jene Tannen, aus denen die Fischer in mühevoller Arbeit ihre »Einbäume« fertigten. Heute kann man auf der Seewiese alljährlich im Juni und September Schottische Hochlandrinder weiden sehen – herrlich zottelige Tiere, die hier auf dem Weg zur oder von der Hochalm am Wildensee jeweils für zwei, drei Wochen einen Zwischenstopp einlegen.

Adresse östliches Seeende, 8992 Altaussee | **Anfahrt** nach Altaussee-Zentrum, an Bord des Solarschiffes Altaussee (siehe Ort 59) oder per pedes auf dem Uferweg | **Tipp** Von der Seewiese erreicht man, etwa eine halbe Stunde zwischen Felsen durch großteils abgeschlägertes Gebiet Richtung Osten (Appel-Haus) wandernd, den Gaisknechtstein (905 Meter), einen aus gutem Grund gleichfalls zum »Glücksplatz« erkorenen Aussichtspunkt.

64 Das Museum im Jagdhaus

Eine Hommage an Geologie, Fauna und Flora

Der vorrangige Zweck einer Einkehr in diesem so fotogen von Felswänden umrahmten Knusperhäuschen liegt, daran kann kein Zweifel bestehen, im Verzehr einer zünftigen Jause. Ob bei der Rast nach halber Seeumwanderung oder beim Landgang auf einer Schiffspartie: ein süßer Beerenstrudel oder ein zarter Saibling auf der Holzveranda mit See- und Dachsteinblick gilt, umso mehr, wenn von Wirtslegende Paul König (siehe Bild) höchstderoselbst kredenzt, als atmosphärisch-kulinarischer Klassiker.

Leider nur wenige Gäste wissen um die Zusatzattraktion, die das 1854 erbaute »Jagahaus« auf der Seewiese unter seinem Mansarddach birgt. Denn bloß ein unscheinbarer Pfeil weist unten an den Stufen »Zur Ausstellung« nach oben. Umso entzückter studiert man die Schausammlung, die dort Mitte der 1990er Jahre eingerichtet wurde, als Österreichs Bundesforste das Anwesen kauften, von Grund auf modernisierten und – auch um für diesen Standort inmitten eines ausgewiesenen »Natura 2000«-Schutzgebiets EU-Fördergelder zu bekommen – in ein öffentlich zugängliches »NaturHaus« umwandelten.

Gewiss, zeitgemäße Museumsdidaktik mag anders gehen. Hier werden Inhalte ausschließlich analog und mit bescheidenen Mitteln, dafür mit viel Herz und Liebe zum Detail vermittelt. Ausgestopft und in Mini-Dioramen arrangiert, finden sich heimische Vögel und Säuger. Einen Schwerpunkt bilden, flankiert von Erläuterungen zur Ausseer Geologie, Fossilien aus den hiesigen Tiefen des Tethysmeeres. Besonders charmant wirkt das von Schülern gebastelte Modell der sogenannten Liaga. Dabei handelt es sich um ein sporadisch bei Schneeschmelze oder Starkregen auftretendes Phänomen: Wenn dann eine Riesenhöhle im nahen Berg mit Wasser vollläuft, kann es passieren, dass dieses für ein paar Stunden keine 200 Meter hinter dem Haus durch einzelne Felslöcher mit heftigem Pfeifen und Fauchen in gewaltigen Kaskaden hervorschießt.

Adresse Altaussee 136, 8992 Altaussee-Fischerndorf, Tel. 0664/3387622, www.jagdhaus-seewiese.com | **Anfahrt** nach Altaussee-Zentrum, an Bord des Solarschiffes Altaussee (siehe Ort 59) oder per pedes auf dem Uferweg | **Öffnungszeiten** circa Anfang Mai–Anfang Nov. Mi–Mo 11–20 Uhr, winters (so keine Lawinengefahr) in Ferienzeiten täglich, sonst an Wochenenden jeweils 11 Uhr bis zur Dämmerung | **Tipp** Einen Prachtblick auf den See genießt man unterwegs von der Kirche im Ortskern auf dem Kilerweg hinauf zum Loser. Die Seewiese sieht man am schönsten von der östlichsten Kehre, etwa bei der Hälfte des gut zweieinhalbstündigen Aufstiegs, unter sich liegen.

65_Die Fischerhütte

Erntedank am See: Schauplatz der Lechpartien

Im Zuge der Umwanderung des Altausseer Sees passiert man im südöstlichen Uferbereich eine Holzhütte. Sie ist malerisch, aber unscheinbar, wie sie da unterhalb des Weges direkt am Wasser steht. Den ihr vorgelagerten schmalen Kiesstrand mögen manche Spaziergänger als diskreten Badeplatz schätzen und die in einem bemoosten Steintrog gefasste Quelle an heißen Tagen als erquickende Tankstelle. Welche Bewandtnis es hingegen mit der Hütte hat, wissen die wenigsten. Und die Einheimischen schweigen sich darüber Fremden gegenüber geflissentlich aus.

Eine Lechpartie ist eine Besonderheit der Region und hat eine jahrhundertealte Tradition. Um nach der Arbeit die Netze zu flicken und sich selbst in der Fangsaison zu versorgen und zu wärmen, bauten sich die Fischer schon früh besagte Behausung, die bald den Namen »Lechhütte« erhielt. Lechen bedeutet auf Ausseerisch »laichen«. Beim Lechfischen werden die Forellen und Saiblinge im Herbst mit speziellen Netzen am Seegrund gefangen, ihre Eier gleich im Boot abgestreift, die »Milch« gemolken und beides direkt im Anschluss zwecks Befruchtung vermischt.

Im Laufe der Zeit bürgerte es sich ein, dass die Fischer die Ortsbewohner und Wandersleut in der Lechhütte bewirteten. Daraus entwickelte sich die Einrichtung der sogenannten Lechpartien, bei denen der Fischmeister für eine Gruppe von bis zu 20 Gästen fangfrische Fische über offenem Feuer brät. Diese werden hernach, bei Livemusik und Gesang, traditionell mit Weißbrot, Oberskren und dem »Lupitscher«, einem heißen Mixgetränk aus viel Rum, etwas Wasser, Zucker und Schwarztee, verspeist. Die Termine für diese sehr privaten, kulinarisch-mystischen Zusammenkünfte, eine Art Erntedankfest der Fischer, werden nur familienintern und unter sehr guten Freunden kommuniziert. Ihre Zahl nimmt freilich in jüngsten Jahren wegen des doch beträchtlichen Organisationsaufwandes leider rapide ab.

Adresse 8992 Altaussee-Fischerndorf | **Anfahrt** nach Altaussee-Zentrum, an Bord des Solarschiffes Altaussee (siehe Ort 59) oder per pedes auf dem Uferweg | **Tipp** Lechpartien werden auch am Grundlsee, dort jedoch vorrangig nur noch zu kommerziellen Zwecken, veranstaltet. Dafür kann man Plätze buchen, inklusive Shuttle-Plättendienst vom Hotel hin und zurück. Die Termine sind für gewöhnlich lange im Voraus ausgebucht (Informationsbüro Grundlsee, Mosern 25, Tel. 03622/86660).

66 Die Mühlberg-Mühle

Erlebnis Schaumahlen und Brotbacken

Frisches Brot? Na, das wird im Elektro-Großofen mit reichlich Strom gebacken und, wenn's extra schnöde hergeht, einzellophaniert im Supermarkt gekauft. Das muss nicht zwangsläufig so sein und war auch bis ins späte 19. Jahrhundert nie so – diese heilsame Erinnerung vor allem der Jugend zu vermitteln und zugleich altes Volksgut zu bewahren hat sich der Verein »Initiative Natur erleben in Altaussee« zur Aufgabe gemacht.

Ehrenamtlich haben seine Mitglieder vor einigen Jahren mit viel Hingabe, Spendengeldern und Knowhow im Umgang mit dem Werkstoff Holz oben am Mühlbach, der uralten Grenze zwischen den Ortsteilen Lichtersberg und Posern, die historische Mühlberg-Mühle von Grund auf renoviert. Auch ein neues Mühlrad und einen traditionellen Brotbackofen bauten sie. Seither wird an dem romantischen Plätzchen im Schatten des Holler-Waldes, wohin die Bauern von Altaussee vermutlich schon im 14. Jahrhundert ihr Getreide zur Weiterverarbeitung brachten, im Sommer vor Publikum regelmäßig schaugemahlen.

Es rührt ans Herz, zu erleben, wie sich unter dem dumpfen Ächzen des schweren Mühlsteins und dem Klappern des ausgeklügelten Mahlmechanismus das Getreide in Mehl und Grieß verwandelt. Es öffnet die Augen für wahre Authentizität bei der Lebensmittelherstellung, wenn Barbara Maislinger, ihres Zeichens Chefin über ein kleines Bäckerei-Imperium in der Region, ergo Fachfrau par excellence, den Backvorgang kundig erläutert – vom Anheizen mit trockenen Buchenholz-Sprießeln (gut zwei Stunden) über das anschließende Entsorgen von Glut und Asche sowie Auswischen der Backfläche mit einem feuchten Tuch bis zur Beschickung des Ofens mit den (in der Bäckerei mit Naturhefe vorfabrizierten) Teiglaibchen. Und natürlich ist es der krönende Genuss, am Ende, nach knapp einer Stunde des zunehmend hungrigen Wartens, das knusprige, herrlich duftende Brot zu verkosten.

Adresse neben Haus Nr. 44, 8992 Altaussee-Lichtersberg, www.muehlberg-muehle.at | **Anfahrt** nach Altaussee-Zentrum, vom Parkplatz zu Fuß den Augstbach entlang 15 Minuten hügelan oder vom Kahlseneck am nördlichen Seeufer in gut 30 Minuten über den Arneth-Weg zur Villa Kerry und 300 Meter hügelabwärts, aus beiden Richtungen kommend beim Abzweig dem Wegweiser folgen | **Öffnungszeiten** Schaumahlen: Mai–circa Mitte Sept. wetterunabhängig jeden Mi 16 Uhr, dabei auch Verkauf von frisch gemahlenem Vollkornmehl und Grieß; Extra-Führungen nach Voranmeldung unter Tel. 03622/71643 oder direkt beim Vereinsobmann Franz Pichler (Foto) unter Tel. 00664/4102545 | **Tipp** Die etwas andere Gastro-Adresse: Direkt im Ortszentrum, ganz in der Nähe von Parkplatz und Kurpark, lässt sich am Würstelstand »Bosna Bär« (auch im Sitzen) der kleine Heißhunger zwischendurch stillen. Im Angebot: Brat- und Currywurst, Schnitzelsemmel, Pommes, Gemüseburger sowie überbackenes Brot.

67 Die Blaa-Alm

Ein zu Recht klassisches Ausflugsziel

Natürlich kann man, dem Trend zur Eile huldigend, mit dem Auto fahren. Keine zehn Minuten braucht man vom Ortszentrum über die Blaa-Alm-Straße bis hinauf zum Parkplatz. Angemessener und eindeutig gesünder ist allerdings die Annäherung per pedes auf dem idyllischen Wald- und Wiesenpfad taleinwärts den Augstbach entlang. Denn nach der gut eineinhalbstündigen leicht ansteigenden Wanderung fühlt man beim kühlen Hollersaft oder Bier und dem käsigen oder süßen Pfandl auf der Terrasse der Almwirtschaft die Pracht dieses Ortes umso intensiver auf sich wirken.

Die Blaa-Alm, fünf Kilometer nördlich von Altaussee am Eingang zum Rettenbachtal gelegen, ist schon ein ganz besonderer Flecken Erde. Aus gutem Grund steht sie bei Sommerfrischlern seit touristischen Pionierzeiten im Ruf eines besonders lohnenden Ausflugszieles. Der sattgrüne Wiesenteppich weitet, zumal im Mai, wenn er übersät ist mit den schneeweißen Blütensternen wilder Narzissen, die Seele. Und beim Anblick der grandiosen Gipfelkulisse, der nordwestlichen Felsflanke des Loser, fühlt man sich an den berühmten Mount Rushmore im amerikanischen Mittelwesten erinnert. Nur die dort in die senkrechten Wände gemeißelten Köpfe der vier US-Präsidenten fehlen.

Auf seine Art geschichtsträchtig ist allerdings auch dieser Talschluss. Bereits im Mittelalter wurde am angrenzenden Brunnkogel, im Bereich von Knerzen- und Fludergrabenalm, in kleinen Brüchen Marmor abgebaut. Auch Eisenmanganerz gewann man. Im Namen Blaa-Alm steckt der Begriff »Blähen«, der das Einblasen der Luft mittels Blasbälgen in das Radwerk, eine Vorform des Hochofens, meint. Auf ungleich mühelosere und spaßige Weise fündig werden kann man heute im örtlichen Schatzsucherpark. Groß und Klein sind dort, unmittelbar neben dem großen Spielplatz, eingeladen, im Wald- und Wiesenboden, mit Sonden bewehrt, vom Betreiber vergrabene Schätze aufzuspüren.

Adresse Lichtersberg 73, 8992 Altaussee-Lichtersberg, Tel. 03622/71102, www.willkommeninaltaussee.at | Anfahrt nach Altaussee, vom Abzweig im Ortszentrum (beschildert) mit dem Auto in zehn Minuten, zu Fuß in gut 90 Minuten, Parkplatz vor Ort | Öffnungszeiten ganzjährig Mi–Sa (Juli, Aug. auch Di) 10–22 Uhr und So 10–17 Uhr; Schatzsucherpark: Mai–Okt. tagsüber je nach Wetter, Infos unter Tel. 0660/8835056 oder www.schatzsucherpark.at; im Winter sieben Kilometer präparierte Loipen und Schneewanderwege | Tipp Ein kleines Stück talauswärts liegt der aus sieben Parcours mit über 100 Elementen bestehende Hochseilkletterpark (www.loser-outdoor.at, Kontakt: Markus Raich, Tel. 03622/71558).

68 Das Bierzelt

Im Brennpunkt des Altausseer Kiritags

Wenn ein knapp 2.000-Seelen-Ort ein Wochenende lang ein Zelt aufstellt, um darin bei Bier, Brathuhn und Brezen Kirmes zu feiern, ist dies für gewöhnlich kaum der Rede wert. Steigt hingegen in Altaussee der Kiritag, herrscht absoluter Ausnahmezustand. Seinen Termin kringeln Abertausende Fans im weiten Umland schon ein Jahr im Voraus rot im Kalender an. Für die Einheimischen ist er ohnehin ein unverzichtbarer Fixpunkt im Jahreslauf, ohne den, frei nach Loriot, ein Leben zwar prinzipiell möglich, aber sinnlos sei.

Die Anfänge dieses legendären Remmidemmis reichen bis 1960 zurück. Damals feierte man zunächst nur bescheiden und an zwei Tagen. Doch bald hängte man den Kirimontag dran. Die Zahl der Besucher wie auch der Schieß- und Verkaufsbuden, Autodrome, Schaukeln und Ringelspiele ist seither enorm gewachsen. Inzwischen zählt die Freiwillige Feuerwehr, die mit der Veranstaltung ihren Ganzjahresbetrieb und neues Gerät finanziert, um die 20.000 Gäste. Mehr als 35.000 Liter Märzenbier rinnen, eigens angeliefert im Holzfass aus der Traditionsbrauerei Göss in Leoben, durch deren Kehlen. Über 5.000 Grillhendl lassen dafür ihr Leben. Nicht zu reden von den Tonnen an Saiblingen, Semmeln und Bratwürstl-Paaren mit Sauerkraut, den Hektolitern Kracherln, Wein und Schnaps.

Geblieben sind seit Pioniertagen sowohl das gemütliche Holzstangenzelt als auch dessen Standort im Herzen des Ortes. Geblieben sind auch Begeisterung und Arbeitseinsatz der Bevölkerung für ihr Fest: Über 400 Freiwillige sorgen alljährlich dafür, dass alles klappt, wie es immer klappt, nämlich bestens. Und unverändert sind auch die ursprünglichen Grundsätze: Der Eintritt ist frei, das Preisniveau günstig. Es gibt weder einen Tanzboden noch, Promi hin oder her, Platzreservierungen. Und auch keine Lautsprechermusik. Für Stimmung sorgen live, unplugged und zünftig die »Lupitscher« und die »Altausseer Musikanten«.

Adresse Fischerfeld, 8992 Altaussee-Altaussee | Anfahrt nach Altaussee | Öffnungszeiten Altausseer Kiritag am 1. Wochenende im Sept. (Sa–Montagabend); Eintritt frei, Infos unter www.feuerwehr-altaussee.at | Tipp Wer an einem der drei Tage zur Abwechslung in Ruhe und in gepflegter Atmosphäre speisen will, kehre im nur einen Steinwurf entfernten Gasthof »Zum Hirschen« ein (Fischerndorf 17, Tel. 03622/71347, www.hirschen-altaussee.at, Do–Di 11.30–14 und 17.30–21.30 Uhr).

69 Der Schneiderwirt

Wo sich die »Dosigen« treffen

Er steht, um mit einem zugegeben unstatthaften Vergleich zu beginnen, in denkbar krassem Gegensatz zu dem nur wenige Steinwürfe entfernten Medical Health Resort. Während in jenen mehrstöckigen Hotelklötzen unten am See, deren ortsunübliches Bauvolumen nicht wenige bis heute verstört, Schick, Fünf-Sterne-Luxus und freiwillige Abstinenz herrschen, gibt man sich hier, im Dorfwirtshaus an der Hauptstraße, betont bodenständig und leutselig. Und während man dort, im Vivamayr-Hotel, unter dem strengen medizinischen Regime von Weight-Care-, Stress-Control- und Active-Detox-Programmen mit wissenschaftlicher Akribie Kalorien zählt, massiert, meditiert, entgiftet, gibt man hier, beim Schneiderwirt, in jedem Belang beherzt Gegensteuer.

Das beginnt bei der Speisekarte, die von – sehr erschwinglichen – Kalorien Marke Schnitzel und Schweinsbraten, Kasspatzen und Kaiserschmarrn nur so strotzt. Es setzt sich im wohlig unprätentiösen Ambiente der holzgetäfelten Stuben und dem schlichten Mobiliar draußen im Gastgarten fort. Das vielleicht bestimmendste Merkmal aber ist die unverkrampfte Geselligkeit, der man hier frönt. Beim Schneiderwirt, der von der Altausseer Freiwilligen Feuerwehr als Besitzer verpachtet wird, mischen sich alle Milieus, hocken »Dosige« (Einheimische) und Urlauber, Frühpensionisten und Industriekapitäne, Salinenarbeiter und Starschauspieler ungeniert nebeneinander auf der Holzbank. Hier schwatzt man sich bei Bier und Schnaps ganze Abende um die Ohren.

Ja, und geschichtsträchtig ist das so gemütliche Haus außerdem: Sein Name rührt von einem gewissen Hans Gatterer her, der hier als Wirt und Schneider in Personalunion im 17. Jahrhundert schon eine erste Schankkonzession erhielt. 1864 ging es in den Besitz von Fürst Hohenlohe-Schillingsfürst über. Und auch der Name eines weltberühmten Feriengastes, Theodor Herzls nämlich, schmückt die Hauschronik.

Adresse Altaussee 19, 8992 Altaussee-Altaussee, Tel. 03622/72117 | Anfahrt nach Altaussee | Öffnungszeiten ganzjährig Mi–Mo 11.30–21 Uhr | Tipp Ein Gedenkstein am Südrand des großen Parkplatzes im Ortszentrum, gegenüber dem Kurhaus, erinnert an den Publizisten und geistigen Vater des politischen Zionismus, Theodor Herzl.

70 Das Taubenschießen

Unblutiger Spaß in der arbeitsarmen Zeit

Dass die Altausseer ihre Traditionen mit fast schon an Störrischkeit grenzender Konsequenz pflegen und einen gewissen Hang zu ausgefallenen Freizeitaktivitäten hegen, ist weithin bekannt. Aber hat man so was Kurioses schon gesehen? Da versammeln sich alljährlich im Winter, jeden Sonntag zwischen Allerheiligen und Faschingsende, im Gastgarten des Schneiderwirts eine Handvoll Mannsbilder, um – ja, Sie lesen richtig: Tauben zu schießen.

Was sie da treiben, ist freilich viel harmloser als der moderne Sport gleichen Namens. Kein lebendiges Tier (und auch keines aus Ton) kommt zu Schaden. Auch kein Geknalle stört die dörfliche Ruhe. Schießgerät ist nämlich eine hölzerne Taube. Sie wiegt etwa zwei Kilogramm, hat eine eiserne Spitze als Schnabel und hängt an einer Kette aus Stahldraht. Auch am Schwanzende ist eine feste Schnur befestigt. Mit dieser visiert der Schütze, der auf einem Podest steht, indem er Schnur und Kette wie Kimme und Korn mit möglichst ruhiger Hand in eine Linie bringt. Lässt er die Schnur los, schwingt der Vogel durch die Pendelbewegung acht Meter weit in Richtung Zielscheibe und bleibt in deren Holz stecken. Das Assistenzpersonal besteht aus dem »Zieler«, der die Treffer abliest und am Rand der Scheibe vermerkt, und dem »Aufigeber«, der die aus dem Holz gelöste und zurückgeschwungene Taube dem nächsten Schützen reicht.

Entstanden ist das Taubenschießen wahrscheinlich als Schießsport der einfachen Leute, denen die Obrigkeit früher den Besitz von Schusswaffen verbot. Praktiziert wurde es, meist auf Bauernhöfen, bis ins frühe 20. Jahrhundert vielerorts im gesamten östlichen Alpenraum. Inzwischen ist Altaussee, wo es seit den mittleren 1920er Jahren beim Schneiderwirt verortet ist, österreichweit der einzig verbliebene Schauplatz dieses drolligen Treibens, das deswegen 2016 von der UNESCO in die Liste des Immateriellen Kulturerbes aufgenommen wurde.

Adresse Schneiderwirt, Altaussee 19, 8992 Altaussee-Altaussee, www.taubenschuetzen.at | Anfahrt nach Altaussee-Zentrum | Öffnungszeiten Schiesszeiten: 1. So nach Allerheiligen – So vor Faschingsende jeweils am Vormittag und am frühen Abend | Tipp Der einzige Ort in Deutschland, dessen Bewohner es den Altausseern gleichtun, ist das oberbayrische Nussdorf am Inn. International ohne sonstige Konkurrenz, treten die beiden Vereine seit 1990 jährlich gegeneinander zur Weltmeisterschaft an (www.nussdorf.de).

71 Die Brandauer-Promenade

Auf den Spuren eines weltberühmten Sohnes

Regisseur Hans Neuenfels und Schauspieler(gatt)in Elisabeth Trissenaar, der Publizist Paul Lendvai, die Schriftstellerin Barbara Frischmuth, der Industrielle Hannes Androsch … Die Liste der in Altaussee geborenen, dort lebenden oder mit dem Ort eng verbundenen Persönlichkeiten ist lang und prominent besetzt. Die international bekannteste freilich und zugleich ein waschechter Ausseer ist ohne Zweifel Klaus Maria Brandauer.

Ob als Bösewicht im James-Bond-Streifen »Never say never again« oder Baron Blixen in »Jenseits von Afrika«, als Mephisto, Janussen oder Oberst Redl: KMB hat sich auch in Hollywood einen Namen gemacht. Kein Wunder, dass diesem echten Weltstar die einzigartige Ehre widerfuhr, schon zu Lebzeiten daheim einen Spazierweg nach sich benannt zu bekommen.

Die Wanderung auf dieser beschaulich schattigen Brandauer-Promenade vom Ortsteil Puchen nach Bad Aussee lädt ein, die Karriere ihres Namenspatrons auch als Theatermime und Regisseur im Geist Revue passieren zu lassen. Vom ersten Auftritt als Struwwelpeter in der Volksschule scheint der Karriereweg zum Ensemblemitglied an der Wiener Burg und auf die anderen großen deutschsprachigen Bühnen im Rückblick vorgezeichnet. Besonders verbunden ist er den Festspielen in Salzburg, wo er unter anderem sieben Saisonen lang die ikonische Rolle des Jedermann gab. Und auch sein Heimatdorf kam regelmäßig in den Genuss seiner künstlerischen Erfahrung. Etwa wenn er als Vorsitzender des Vereins Poesie im Ausseerland im Salzbergwerk Felix Mitterers »Spiel im Berg« oder mit seinen Schülern des Wiener Reinhardt-Seminars auf der Seewiese Shakespeare inszenierte. Lesungen gibt der 1943 Geborene in Altaussee, seinem lebenslangen Anker- und Kraftplatz, dann und wann immer noch. Und mit etwas Glück kann man den berühmten Sohn auch am Stammtisch mit seinen einheimischen Jugendfreunden schwatzend sitzen sehen.

Adresse 8992 Altaussee-Puchen | **Anfahrt** nach Altaussee und zur Seevilla; Route von Altaussee nach Bad Aussee: 4,5 Kilometer ohne Höhenunterschiede – vom Hotel Seevilla an der Seeklause auf dem Fahrweg die Traun entlang, nach Querung der Hauptstraße bei der Bushaltestelle am rechten Flussufer weiter, über den Trattenbach, vorbei am Bauhof, den Tennisplätzen und auf der Elisabethpromenade bis zur Ischler Straße im Ortskern, ganzjährig begehbar, auch bei Schneelage | **Tipp** Am Ziel empfiehlt sich die Einkehr im Café Strenberger (Ischlerstraße 72, Mo–Sa 8–20 Uhr).

72 Das Gräf & Stift Museum

Eine Zeitreise mit historischen Autobussen

Seine Freude und sein Stolz sind Dr. Herbert Werner deutlich anzusehen, sobald er hinter dem Lenkrad seines Glocknergräf sitzt. Allein diese Ästhetik! Der Bus, in dessen Restaurierung er sagenhafte 12.500 Arbeitsstunden gesteckt hat, besitzt einen Panorama-Glasaufbau und ein zur Gänze faltbares Dach. Das furnierte Armaturenbrett mit den chromgefassten Anzeigern und Knöpfen, das gerillte Kunstleder der Sitze und der silbrige Löwe als Kühlerfigur spiegeln den altmodischen Charme und Stil der frühen 1950er Jahre wider, als er im Liniendienst der Österreichischen Post die Großglockner-Hochalpenstraße befuhr. Und wenn man nach dem Vorglühen, der obligaten »Rudolf-Diesel-Gedenkminute«, den Motor startet, steigert sonores Wummern, das sich später, unterwegs über Land, in sattes Schnurren verwandelt, noch den sinnlichen Genuss. Dass das nicht-synchronisierte Getriebe dem Fahrer Doppelkuppeln und Zwischengas abverlangt – geschenkt. Und dass es an Schwerstarbeit grenzt, den Neuntonner ohne Servo um die Kurven zu hieven – was soll's? Werner hat mit dem voll besetzten Koloss schon etliche Male »den Glockner« bezwungen. Die Straße auf den Loser und auch die über den ultrasteilen Koppenpass befährt er mit links. Seine Anmerkung, der Verbrauch betrage am Berg 45 Liter auf 100 Kilometer, sollten Umweltschützer tunlichst überhören.

Oldtimer sammelt Werner seit den 1970er Jahren, historische Busse, vorrangig des Wiener Herstellers Gräf & Stift, seit 2008. In seinem Privatmuseum an der Ortseinfahrt von Altaussee steht, teils picobello, teils unrestauriert, eine ganze Reihe vierrädriger Juwele geparkt. Beim Rundgang erweist er sich in Bezug auf die Firmengeschichte und die Spezifika einzelner Modelle als wandelndes Lexikon. Und auch über die historischen Broschüren und Fotos, Pläne und Ersatzteilverzeichnisse, die zuhauf Wände und Vitrinen zieren, weiß er ohne Ende zu erzählen.

Adresse Puchen 321, 8992 Altaussee-Puchen (HCW Verkehrsbetriebe), Tel. 0664/2427413, www.oldtimer-busvermietung.at | ÖPNV ÖBB Bad Aussee, Postbus 955 bis Haltestelle Altaussee-Puchen | Anfahrt B 145, Abfahrt Bad Aussee-Zentrum, beim Kurhausplatz links, Ischlerstraße vor Flussbrücke rechts Richtung Altaussee, nach circa 2,5 Kilometern beim Wegweiser »HCW Verkehrsbetriebe/Zebau« Zufahrt rechts hinauf | Öffnungszeiten Führungen nur nach Vereinbarung für Gruppen ab zehn Personen; Bus-Oldtimer samt Chauffeur ganzjährig für Ausflugsfahrten, auch zu speziellen Anlässen wie Geburtstagen, Hochzeiten, Film- und Werbeaufnahmen, zu mieten | Tipp Ein gemütliches Ausflugsziel mit kulinarischem Mehrwert ist die eine halbe Gehstunde südwestlich des Hotel Wasnerin gelegene Mostschänke Sarsteinrast (Tel. 03622/55368, Fr–So 17–22 Uhr). Anspruchsvollere Wanderer erklimmen vom Pötschenpass aus in einer fünfstündigen Tour den Gipfel des Sarstein, der hinter dem gleichnamigen Ortsteil von Bad Aussee fast 2.000 Meter hoch aufragt.

73 Der Loser

Altaussees Haus- und Erlebnisberg

»Unter anderem war ich auf dem Loser. Ich habe in meinem Leben noch nichts Schöneres gesehen. Diese Urbäume, die göttliche Aussicht auf den Dachstein, nein! Das ist zu schön, das halte ich nicht aus …« Man fühlt den romantischen Maler Friedrich Gauermann (1807–1862) vor Euphorie förmlich hyperventilieren, wie er da auf dem Altausseer Hausberg stehend den Blick schweifen lässt. Die Rundumsicht auf das Ausseer Becken und das Tote Gebirge, die Niederen Tauern, Sandling, Sar- und Dachstein ist in der Tat sensationell. Die Begeisterung teilten denn auch ganze Generationen von Bergfexen. Selbst Kaiserin Sisi, eine passionierte Höhenwanderin, adelte den Loser zu ihrem Lieblingsberg. Auch Erzherzog Johann geriet ob des schier grenzenlosen Schaugenusses geradezu außer sich. Und Richard Strauss inspirierte der Gipfelsturm – angeblich – zu Teilen seiner schwelgerischen »Alpensinfonie«.

Prosaischer beschreiben Geologen den 1.837 Meter hohen Klotz am südwestlichen Endpunkt des sogenannten Augstkammes: Sein breiter Sockel besteht aus gebanktem Dachsteinkalk der Trias, der rund 300 Meter hohe, nach drei Seiten hin senkrecht abfallende Felsaufsatz aus jüngerem Jurakalk. Eine viel fotografierte Eigentümlichkeit stellt das Loserfenster, ein durch Erosion entstandenes Felsentor, dar. Östlich davon, am Beginn des von Almmatten und Latschenwäldern bedeckten Hochplateaus, lädt der Augstsee zur bedächtigen Umrundung.

Zahlreiche Wanderwege und Klettersteige (und im Winter Skipisten) bieten Aktivsportlern ein breites Betätigungsfeld. Populär ist der »Erlebnisberg« Loser aufgrund seiner besonders günstigen Thermik zudem bei Paragleitern und Drachenfliegern. Sein Name übrigens, den er wohl seiner von den Nachbarbergen »frei abstehenden« Stellung verdankt, gründet sich aus dem Dialekt und bedeutet »Ohr«. In der Jägersprache bezeichnen Loser (Lauscher) die Ohrmuscheln des Jagdwildes.

Adresse nördlich des Sees, 8992 Altaussee, www.loser.at | Anfahrt nach Altaussee-Zentrum, an der Südwestflanke Mautstraße (siehe Ort 74) sommers bis auf 1.600 Meter Seehöhe befahrbar; Besteigung vom Tal bei der Pfarrkirche über den Kilerweg in gut zwei Stunden zur Loserhütte, von dort, Trittsicherheit vorausgesetzt, in circa 1,5 Stunden zum Gipfel; großer, kostenfreier Parkplatz auf 1.600 Metern Seehöhe Ausgangspunkt für zahlreiche Wanderungen, etwa auf den Hochanger, den Greimuth, durch das Kühntal oder über die Bräunigalm auf den gleichnamigen Zinken sowie weiter ostwärts ins Herz des Toten Gebirges | Tipp Das Skiresort Loser Bergbahnen umfasst 34 Pistenkilometer zwischen 800 und 1.800 Höhenmetern, ist vom Tal durch eine neue Gondelbahn und oben am Hochplateau durch mehrere Sessel- und Schlepplifte erschlossen. Quartier-Tipp gleich neben der Talstation: AlpenParks Hagan Lodge (www.alpenparks.at).

74 Die Loser-Panoramastraße

Komfortable Annäherung an einen Aussichtsgipfel

Angesichts der großen touristischen Anziehungskraft des Loser kam in den 1960er Jahren mit dem angehenden Fremdenverkehrsboom der Gedanke auf, dieses buchstäblich herausragende Wahrzeichen des Ausseerlandes durch eine Panoramastraße zu erschließen. Der Beginn ihres Baues anno 1969 verdankt sich der Tatkraft eines visionären Proponentenkomitees, bestehend aus dem Hotelier Franz Frischmuth, dem Friseurmeister Josef Buttinger und dem Wiener Rechtsanwalt Arthur Klohß. Schon zwei Jahre davor hatte die örtliche Bevölkerung, indem sie nahezu geschlossen Anteilsscheine zeichnete, für das Grundkapital gesorgt. Für die grobe Trassierung wurde noch Hofrat Franz Wallack, der legendäre, damals bereits betagte Erbauer der Großglockner Hochalpen- und Gerlos-Alpenstraße, gewonnen. Vollendet war das ingenieurtechnische Meisterwerk, das neun Kilometer lang 800 Höhenmeter überwindend in 15 Kurven und Kehren bis hinauf an die Baumgrenze führt, Mitte der 1970er Jahre.

2002 ging die Gesellschaft mehrheitlich in private Hände über, unter anderem an den Industriellen und Ex-Vizekanzler Hannes Androsch, der als Haupteigentümer der Salinen Austria AG auch sonst lange schon auf vielfältige Weise als ein Motor des Wirtschaftslebens im Ausseerland wirkt. In der Folge baute man zwei kapazitätsstarke Seilbahnen, moderne Anlagen zur Beschneiung und Lawinensprengung und bereicherte das Bettenangebot rund um die Ganzjahresattraktion Loser unten im Tal durch zwei Almhüttendörfer.

Seit 2022 ersetzt eine neue, umweltfreundlichere Panorama-Gondelbahn die bisherigen, in die Jahre gekommenen Sesselbahnen und hilft, den Individualverkehr auf den Berg maßgeblich zu reduzieren. Sie verfügt auch über eine eigene Fotovoltaikanlage, die in der reinen, fast immer nebelfreien Luft des Loser-Südhanges zusätzlich zu dem hier schon 1989 errichteten Solarkraftwerk für saubere Energie sorgt.

Adresse nördlich des Sees, 8992 Altaussee-Lichtersberg | ÖPNV von Bad Aussee und Altaussee ganzjährig im ÖBB-Postbus 955 bis zur Losermaut Skiarena | Anfahrt nach Altaussee, im Ortskern links Richtung Blaa-Alm, rechts abbiegen und auf der mautpflichtigen Panoramastraße höhenwärts | Öffnungszeiten je nach Schneelage April–Nov. 24/7, Auskünfte unter Tel. 0676/87813204 | Tipp Zur Einkehr empfehlen sich das Restaurant Loser-Alm (www.loseralm.at) oder die Loserhütte, die älteste Schutzhütte des Toten Gebirges (www.willkommeninaltaussee.at). Ein Muss sind in Letzterer die hausgemachten Cremeschnitten und Schwarzbeernockerl!

75_Der Igel

Ein Rückzugsort von Widerständlern

Wer schon einmal Gelegenheit hatte, mit Ausseern näher auf Tuchfühlung zu gehen, wird im Gespräch eine gewisse Nüchternheit bemerkt haben, den Hang, Dinge geradlinig und rasch auf den Punkt zu bringen. Herumgerede, Liebedienerei, gar öliges Kalkül sind, gerade auch zahlenden Gästen gegenüber, ihre Sache nicht.

Sozialgeschichtler erklären diese erfrischend selbstbewusste Unverblümtheit so: Die Salzgewinnung mit all ihren Begleitindustrien habe eine spezifische Arbeitswelt hervorgebracht. Als freie Berg- und Forstarbeiter lebten die Männer dank fixen Löhnen und Naturalleistungen (Brennholz) relativ privilegiert und krisensicher. Unter solchen Umständen waren frühe Familiengründungen möglich, blieb die Abwanderung gering und die Möglichkeit, den beruflichen Nachwuchs aus sich selbst zu rekrutieren, stark. Zugleich bedingte die Gefährlichkeit des Berufes im und am Berg früh die Bildung von genossenschaftlichen Selbsthilfe- und später Arbeiterorganisationen. Nachhaltig verstärkt wurde dieses Gefühl der Zusammengehörigkeit, nunmehr gepaart mit einer latenten Aversion gegenüber Obrigkeiten und Bereitschaft zu Protest, durch die kollektive Erfahrung der im überwiegend lutheranisch gewordenen Salzkammergut besonders rabiaten Rekatholisierung im Zuge der Gegenreformation.

Ein ins Hochpolitische übertragenes Symbol für diese nonkonformistische Grundhaltung findet sich auf dem Rasen vor dem Kurhaus: Der »Igel«, eine sonderbar stachelig-runde Bronzeskulptur der Salzburger Bildhauerin Eva Grubinger, erinnert an das legendäre, 600 Höhenmeter über der Blaa-Alm in unwegsamem Felsgelände gelegene Partisanenversteck gleichen Namens. Aus Baumstämmen und Rinde notdürftig gezimmert, bot Letzteres ab dem Winter 1943/44 bis zu zwei Dutzend Verfolgten Unterschlupf, die von hier unter größten Entbehrungen nach besten Kräften den wachsenden Widerstand unten im Tal zu fördern versuchten.

Adresse im Kurpark vor dem Kur- und Amtshaus, Fischerndorf 61, 8992 Altaussee-Fischerndorf | **Anfahrt** nach Altaussee-Zentrum, Partisanenunterstand »Igel« unweit der Ischler Hütte östlich des Ahornkogels in einer Mulde am Südhang des Hinteren Raucher, Zugang: von der Blaa-Alm den Rettenbach entlang, rechts den steilen und ausgesetzten Nagelsteig (Weg 226) hinauf; Alternative: der leichtere Weg 211 in einem Bogen weiter westlich; am Südende der Almwiese »Schwarzenberganger«, unterhalb des Beerensattels, dem Quellbach und später einer Tafel auf einem Fels bis zur roten Markierung auf einer kleinen Anhöhe folgen, von dort »Steinmännchen« zum Ziel nachgehen | **Tipp** Nach getaner Spurensuche oben am Berg liegt die Einkehr in der auf 1.368 Metern Seehöhe gelegenen, vom Alpenverein betriebenen Ischlerhütte nahe (Tel. 03622/71148, 1. Juni–30. Sept. durchgehend bewirtschaftet).

76 Die Wildenseealm

Nazi-Versteck und Wanderziel

Simon Wiesenthal, der häufig als »Nazijäger« apostrophierte Holocaust-Überlebende, Spurensucher und Publizist, sagte einmal, die Vorgänge im Ausseer Gebiet seit Mitte 1944 verdienten mit Bestimmtheit ein besonderes Buch. »Sie würden genügend Material für eine Reihe spannender Filme hergeben, in denen die unglaublichsten Dinge vorkommen dürften, die historisch belegt sind.« In der Tat hatten sich etliche Nazi-Bonzen wie Goebbels, Ribbentrop oder der Leiter des Reichssicherheitshauptamtes, Ernst Kaltenbrunner, schon früh in meist »arisierten« Villen des Ausseerlandes Sommersitze geschaffen. Und nicht wenige trieben sich auch gegen Kriegsende in der Region herum, um, wie etwa der berüchtigte »Befreier Mussolinis«, Otto Skorzeny, den deutschen Widerstand in der »Alpenfestung« zu organisieren, um sich samt Geld, Gold und Papieren für den Übergang nach dem Untergang zu verstecken oder wie Adolf Eichmann von hier aus die Flucht über die Rattenlinie nach Südamerika anzutreten.

Auch Kaltenbrunner hält sich 1945 im Dorf auf. Er residiert mit seiner Geliebten, Gisela von Westarp, in der grandios gelegenen, von der Gestapo beschlagnahmten Villa der bekannten (und mit dem heutigen US-Spitzenpolitiker John Kerry verwandten) Porträt- und Landschaftsmalerin Christl Kerry. Dem hochrangigen SS-Funktionär schlägt am 12. Mai 1945 die Stunde. Wenige Tage zuvor, die Amerikaner haben soeben den Pötschenpass eingenommen, ist er zur Wildenseealm aufgestiegen. Dort, vier Gehstunden und 800 Höhenmeter über dem Tal, wird er in einer verlassenen, noch tief verschneiten Hütte von einem US-Kommando verhaftet und im Jahr darauf in Nürnberg hingerichtet. Zu diesem Zeitpunkt hat man im Salatbeet des Gartens der Villa Kerry schon Kaltenbrunners Reserve »für alle Fälle«, 76 Kilo Gold, 10.000 Goldmünzen und Unmengen an Banknoten in Fremdwährungen, entdeckt und den Amerikanern übergeben.

Adresse Totes Gebirge, 8992 Altaussee | Anfahrt nach Altaussee-Zentrum; Aufstieg: Wildenseealm von Altaussee oder – weniger anstrengend, dafür ausgesetzter – vom Loser-Parkplatz auf dem Karl-Stöger-Steig über den Hochklapfsattel in circa vier Stunden erreichbar, auf 1.525 Metern Seehöhe im westlichen Teil des Toten Gebirges gelegen | Öffnungszeiten Villa Kerry (Arnethweg 12a; Foto unten) in Privatbesitz und nur von außen zu besichtigen | Tipp Sehenswert: der Wildensee mit der Quelle Jungfrauenbründl. Eine Übernachtung ist im Sommerhalbjahr auf der Wildenseehütte (Selbstversorger) oder im nur 30 Gehminuten entfernten Appel-Haus möglich. 50 Meter oberhalb der Villa Kerry, am Waldrand, steht Angelika Loderers Installation von in Beton gegossenen Lärchensetzlingen (www.politische-landschaft.at).

77 Der Große Woising

Ein Gipfelblick vom Rand auf das Tote Gebirge

Es stimmt schon: Genau genommen hat der Große Woising nur noch am Rande mit dem Ausseerland zu tun. Doch obgleich seine Position, auf der Landkarte betrachtet und polit-administrativ, eine periphere ist (er markiert exakt die Grenze zu Oberösterreich), liegt er bergwandertechnisch eindeutig in ausseerischem Einzugsgebiet. Denn während er gegen Nordosten mit einer Steilwand, für Normalsterbliche unerklimmbar, zum Almsee hin abbricht, lässt er sich von Südwesten her, vom Appel-Haus, durch den Henarwald über Almen und Latschenfelder ziemlich einfach besteigen. Zum anderen bietet sein 2.064 Meter hoher Gipfel einen beispiellosen Rundumblick gerade auch auf das Tote Gebirge (zu dem er gehört) und somit eine gute Gelegenheit zu ein paar allgemeinen Betrachtungen über jene grandiose, weißfelsig-kahle Kulisse so vieler Ansichten des Ausseerlandes.

Mehr als 50 Kilometer weit, von Bad Ischl bis zum Pyhrnpass, erstreckt sich dieses größte Kalkkarstgebiet Mitteleuropas. Es ist nur stellenweise und an den Rändern von Latschen-, Lärchen- und Zirbenwäldern bedeckt. Große Bereiche indes sind, weil Regen- und Schmelzwasser in den Dolinen und Karren versickern und durch verzweigte Höhlen abfließen, weitgehend bis völlig ohne Vegetation.

Es ist gerade jene barsche Natur, die den speziellen Reiz dieser Mondlandschaft ausmacht. Diese ist sehr wohl durch Wege und Schutzhütten erschlossen. Jedoch eher kärglich. Die Wandererdichte ist gering. Denn der Aufstieg erfolgt ausschließlich mehrstündig über steile Pfade. Es gibt keine Straßen, Seilbahnen, Lifte. Weder Zivilisationsgeräusche noch – man lausche und staune! – Handyempfang. Entsprechend fühlt man sich, unterwegs auf den schattenlosen, schrundigen Hochflächen, über Geröllhalden und zwischen knochenfahlen Felswänden, dem Menschengetriebe unten im Tal schnell viel, viel ferner, als das GPS anzeigen mag.

Adresse Totes Gebirge, 8992 Altaussee | ÖPNV Postbus 956 von Bad Aussee Bahnhof bzw. Postamt bis Haltestelle Seeklause, Besteigung von Altausseer- oder Grundlsee zum Appel-Haus in 3,5 bis vier Stunden, von dort noch mal zwei Stunden auf den Großen Woising | Anfahrt nach Altaussee-Zentrum; zum Startplatz am Grundlsee: B 145 nach Bad Aussee, im Zentrum den Wegweisern nordostwärts nach Grundlsee folgen, Parkplatz neben Seehotel | Tipp Dieser gewaltige Gebirgsstock birgt das mit – nach heutigem Kenntnisstand – 151 Kilometern längste Höhlensystem Österreichs. Dieses ist, für Touristen unzugänglich, nach dem sich darüber erhebenden Schönberg benannt und die viertlängste Höhle Europas.

78__Der Kaiserliche Stall

Vom Holzstadel zur Kunstgalerie

Der Grundlsee, der mit seiner Fläche von 4,22 Quadratkilometern größte See der Steiermark, ist nicht nur ein mit seltener Schönheit gesegneter Flecken Erde, sondern auch in Geschichte getränkt. Umso erstaunlicher scheint, dass unter den zahlreichen historischen Gebäuden, die seine Ufer säumen, heute ein einziges unter Denkmalschutz steht: Der Kaiserliche Stall erhebt sich am östlichen Seeende, oberhalb der Klause direkt an der Uferstraße. Es ist ein mächtiges hölzernes Bauwerk, das da mit seinem steinernen Sockel aus dem Wiesenhang zu wachsen scheint. Selbst wenn an seiner Giebelseite nicht das Rundschild mit dem aufgemalten Doppeladler der Habsburger prangte: Seine Dimensionen sowie die wuchtige Form allein wären Hinweis genug, dass es sich um ein hochamtliches Gebäude handelt.

Errichtet wurde der pittoreske Bau, den Erzherzog Johanns »Kammermaler« nicht zufällig des Öfteren auf Leinwand verewigten, vermutlich Mitte des 16. Jahrhunderts. Sein Name erinnert noch daran, dass das hier am westlichen Seeende befindliche Fischmeistergütl seinerzeit »Kaiserlich-Hohes Forstärar« war. Dieses bestand, neben Anger und Wiesen, aus dem Fischmeisterhaus an der »vorderen Clausen« (Mosern 19, heute Fischgeschäft), einem Stadel und eben dem Stall. »Der Vischmeister am Crunglsee hat zwo khuefuehr«, besagt der zeitgenössische Eintrag im Grundbuch. Was bedeutet, der Fischmeister durfte zwei Kühe halten – ein Recht, das sich in der Folge der Sonnen- und der Schattseitenförster für je ein Tier einträchtig teilten. Im Oberstock lagerte man das Heu.

1928 wurde das gesamte Anwesen dem Bundesschatz der Republik einverleibt und 1987 von der Gemeinde erworben. Seit den 1990er Jahren nutzt die Kulturelle Arbeitsgemeinschaft Grundlsee den ursprünglichen Stall im Erdgeschoss wie auch die zwei eigens adaptierten Räume im holzgezimmerten Obergeschoss für stets sehenswerte Wechselausstellungen.

Adresse Mosern 19, 8993 Grundlsee-Mosern, Tel. 0664/2508519 (Kontakt: Werner Pirkner) | **ÖPNV** Postbus 956 von Bad Aussee Bahnhof bzw. Postamt bis Haltestelle Seeklause | **Anfahrt** B 145 nach Bad Aussee, vom Zentrum den Wegweisern nordostwärts nach Grundlsee folgen, Parkplatz neben Seehotel | **Öffnungszeiten** nur sommers im Rahmen der darin veranstalteten Kunst- und Volkskundeausstellungen zugänglich, Auskünfte im zwei Gehminuten entfernten Tourismus-Infobüro (Mosern 25, Tel. 03622/8666, Mo–Fr 9–17 Uhr) | **Tipp** Für eine kleine Stärkung mit hausgemachten Snacks und Süßigkeiten empfiehlt sich das Café Hansl direkt am See. Ihm angeschlossen ist ein Verleih für Tret- und Elektroboote.

79 Das »Seeblick«

Der Sommersalon der Eugenie Schwarzwald

Der Ort ist ident, und auch das Panorama von der Terrasse auf den See und das Tote Gebirge ist so atemberaubend wie eh und je. Komfort und Service, die Qualität der Ausstattung und auch der Küche sind mit ziemlicher Sicherheit sogar deutlich höher als anno dazumal. Trotzdem fehlt der Adresse Archkogl 31 im Vergleich zur Zwischenkriegszeit heute etwas Entscheidendes, Unwiederbringliches: der Geist der einstigen Hausherrin.

Eugenie »Genia« Schwarzwald, geborene Nussbaum (1872–1940), studierte nach ihrer Schulzeit im k.-u.-k.-multikulturellen Czernowitz an der Uni Zürich Germanistik. Nach Promotion und Heirat übersiedelte sie im Jahr 1900 nach Wien und betrieb dort fast drei Jahrzehnte lang einen Salon, in dem bedeutende Persönlichkeiten des Kulturlebens ein und aus gingen.

1920 erwarb Schwarzwald, inzwischen als Philanthropin, Reformpädagogin und Frauenrechtsaktivistin eine der angesehensten Frauen Wiens, am Westende des Grundlsees ein altes, baufälliges Hotel und eröffnete es nach aufwendigem Umbau als »Sommerheim Seeblick«. Dieses fungierte von Anfang an, wie der Salon in der Stadt, als Begegnungsstätte. Um das schöne Haus und seine spezielle Atmosphäre hoch über dem Wasser zu genießen, kamen Intellektuelle diverser Bereiche. Robert Musil, Egon Friedell, Manes Sperber, Alfred Döblin und Carl Zuckmayer finden sich im Gästebuch ebenso wie Käthe Kollwitz, Oskar Kokoschka, Helene Weigel, Wilhelm Furtwängler, Max Reinhardt und Alfred Adler. Sie alle waren aufgefordert, im Rahmen von Lesungen, Vorträgen, Konzerten oder Kabaretteinlagen zur allgemeinen Unterhaltung beizutragen. Wobei anstatt der Attitüde elitärer Bildung stets das Seelenverbindende, die gegenseitige Inspiration und, wenn nötig, Unterstützung im Vordergrund standen. So verwundert es nicht, dass nach Österreichs Anschluss 1938 auch dieser Ort und sein Kreis, wie so vieles Geistige, zack, zack zerschlagen wurde.

Adresse Mondi-Resort/Gasthaus Seeblick, Archkogl 31, 8993 Grundlsee-Archkogl, Tel. 03622/8477-0, www.mondihotels.com | ÖPNV Postbus 956 von Bad Aussee Bahnhof bzw. Postamt bis Haltestelle Archkogl | Anfahrt B 145 nach Bad Aussee, vom Zentrum den Wegweisern nordostwärts nach Grundlsee folgen | Öffnungszeiten Hotel mitsamt seinem zentralen, nach Eugenie Schwarzwald benannten Konferenzsaal das ganze Jahr über in Betrieb; Gasthaus Seeblick: ganzjährig täglich 18–20.30 Uhr; angrenzendes Restaurant Wassermann: ganzjährig Do–Sa 18–21 Uhr | Tipp Ein schöner Spaziergang führt südlich um das weitläufige Anwesen der Villa Castiglioni (siehe Ort 81) herum zum Wiesenufer des Freibads und in circa 15 Gehminuten weiter bis zu der hangaufwärts idyllisch gelegenen Mostschenke Ressenstüberl (www.ressenstueberl.at).

80 Die MS Rudolf

Das Flaggschiff der Grundlseeflotte

Zugegeben, den Beinamen »Steirisches Meer« kann man durchaus als etwas großspurig empfinden. Aber erstens ist er nun einmal das größte Stehgewässer von Österreichs waldreichstem Bundesland. Eine Länge von 5,7 Kilometern ist nicht nichts, und »diese Lackn«, wie Schiffskapitän Andreas Sterneder aus jahrzehntelanger Erfahrung weiß, mit ihren Fallwinden und jähen Gewittern »keineswegs zu unterschätzen«. Schifffahrt auf dem Grundlsee ist kein Kinderspiel, aber ein absolut familientaugliches Vergnügen. Und sie existiert seit bald 150 Jahren.

Rangältestes und größtes Fahrzeug der Mini-Flotte, die den See im Sommerhalbjahr befährt, ist das Motorfahrgastschiff MS Rudolf. Es misst 19,5 Meter, wiegt 21 Tonnen und ist für den Transport von bis zu 60 Personen zugelassen. Vom Stapel lief es, auf »Fürstin Kinsky« getauft, als Dampfer im Jahr 1903. Nach Weltkrieg Nummer zwei erhielt es einen Dieselmotor und seinen heutigen Namen. 2016 wurde die »Rudolf« gemeinsam mit ihrem gut 40 Jahre jüngeren und fünf Meter kürzeren Schwesterschiff, der MS Traun, per Tieflader huckepack an den Vierwaldstätter See verfrachtet. Dort, in einer auf Sanierung historischer Schiffe spezialisierten Werft, bekamen beide ein umfassendes Facelifting verpasst.

Seit diesem, für das Red-Bull-Boss und Vielfach-Milliardär Dietrich Mateschitz als Eigentümer aufkam, vereint das Schiff auf vorbildhafte Weise Hightech und Nostalgie. Nach außen hin glänzt »der Dampfer«, wie Einheimische es aller Umrüstung zum Trotz bis heute nennen, im stylishen Retro-Look mit goldenen Bugletтern, edler Holzverkleidung und bunter Wimpel-Girlande. In seinem Bauch freilich brummt ein Diesel-Elektroantrieb finnischer Provenienz – der modernste und umweltfreundlichste am Markt. Zudem bekam er elektronische Navigationsgeräte eingebaut. Auf dass er auch bei Nebel oder Dunkelheit sicher die »Meereswellen« durchpflüge!

Adresse Schifffahrt Grundlsee, Mosern 22, 8993 Grundlsee-Mosern, Tel. 03622/8604433, www.schifffahrt-grundlsee.at | ÖPNV Postbus 956 von Bad Aussee Bahnhof bzw. Postamt bis Haltestelle Seeklause | Anfahrt B 145 nach Bad Aussee, vom Zentrum den Wegweisern nordostwärts nach Grundlsee folgen, Parkplatz neben Seehotel | Öffnungszeiten Linienverkehr zwischen drei Stationen (Seehotel–Pavillon/Ortsmitte Grundlsee–Gößl) Mitte Mai–Mitte Okt. täglich bei jedem Wetter | Tipp Ein spezielles Naturerlebnis erwartet Passagiere auf der Drei-Seen-Tour: Von der Anlegestelle beim Seehotel Grundlsee geht es zunächst per Schiff bis Gößl, von dort in 30 Gehminuten zum Toplitzsee, den man per Plätte quert, um von dessen Ostufer in einem kurzen Spaziergang den Kammersee zu erreichen (Gesamtdauer: drei bis vier Stunden).

81 Die Villa Castiglioni

Prachtdomizil eines Börsenhais

An den Ufern des Grundlsees erheben sich diverse repräsentative Villen aus der Gründerzeit, in deren schillernder Geschichte sich das Zwiespältige der Zeitenläufe widerspiegelt. Der Wiener Bauherr der Villa Roth etwa, die ganz im Osten bei Gößl auf einer Landzunge thront, war Munitionslieferant im Ersten Weltkrieg. Nach Österreichs Anschluss wurde der Jagdsitz von Hitlers Propagandaminister Joseph Goebbels als Urlaubsdomizil genutzt.

Ein Ferienhaus von vergleichbarer Pracht steht auch am entgegengesetzten Seeende. Es wurde – von einem Ritter von Winniwater als »Villa Grundlstein« – ebenfalls Anfang der 1880er Jahre erbaut. 1920 erwarb ein gewisser Camillo Castiglioni das Anwesen. Der hatte, 1879 als Sohn eines Rabbiners im k. u. k. Hafen Triest geboren und seit Jugendjahren äußerst technikbegeistert, als Gründer mehrerer Flugzeugfabriken und dank skrupelloser Spekulation an der Börse ein riesiges Vermögen angehäuft. So besaß er etwa große Teile von Austro-Daimler, Puch, der Papierfabrik Leykam und der Gummifabrik Semperit, war Hauptaktionär der Bayrischen Motoren Werke (BMW) und in der Inflationszeit international unter anderem für Benito Mussolini als Finanzagent tätig. Auch als Freund der schönen Künste und Mäzen äußerst umtriebig, mischte er, trotz zwischenzeitlichen Beinahe-Ruins im großen Bankenkrach, bei der Gründung der Salzburger Festspiele mit.

Die Villa am Grundlsee, die Castiglioni zuvor für seine Frau, die gefeierte Burgschauspielerin Iphigenie Buchmann, um Unsummen luxuriös hatte umgestalten lassen (ein zugebautes Glashaus zum Beispiel barg die damals größte Orchideenzucht Europas), wurde schließlich von den Nazis beschlagnahmt. Die lagerten darin gegen Kriegsende Hitlers Privatbibliothek – darunter Originalpartituren Richard Wagners, die, wie etwa die kompletten Niederschriften von Rheingold und Walküre, nach 1945 auf Nimmerwiedersehen spurlos verschwanden.

Adresse Archkogl 38, 8993 Grundlsee-Archkogl | ÖPNV Postbus 956 von Bad Aussee Bahnhof bzw. Postamt bis Haltestelle Archkogl | Anfahrt B 145 nach Bad Aussee, vom Zentrum den Wegweisern nordostwärts nach Grundlsee folgen, Parkplatz Fischersteg an der Hauptstraße, von dort circa 15 Gehminuten über Archkogl | Öffnungszeiten Villa Castiglioni mitsamt den zugehörigen 33.000 Quadratmetern Grund im Besitz der Unternehmerfamilie Dr. Weinmann und nicht öffentlich zugänglich | Tipp Den prächtigsten Blick auf die Villa hat man vom Seeufer im Ort Grundlsee vis-à-vis oder von der Anhöhe in Archkogl aus (Hotelterrasse des Mondi-Resorts).

82 Die Goldschmiede Steiner

Traditionsreicher Jagd- und Trachtenschmuck

So stellt man sich eine meditative Betätigung idealtypisch vor: Drei Goldschmiede, in höchster Konzentration über ihre Werkbank gebeugt, biegen Drähte, löten Schließen und Ringe, fassen Perlen, Tierzähne, Edel- und Schmucksteine. Kein lautes Geräusch stört die Ruhe. Beschaulichkeit pur. Und käme doch einmal Hektik auf, ein Blick durch die Panoramafenster über die Wiese vor dem Haus auf den Grundlsee und den waldigen Rücken des Ressen würde genügen, um selbst den hyperaktivsten ADHS-Patienten umgehend zu erden. Wer wollte es bestreiten? Julia Hampel hat einen Arbeitsplatz wie aus dem Bilderbuch.

Die junge Frau, die 2018 ihren Meister gemacht hat, leitet in dritter Generation hier auf der Anhöhe die Werkstatt der renommierten Goldschmiede Steiner. Ihre Schwester führt das Geschäft im Zentrum von Bad Aussee. Der Familienbetrieb ist auf die Herstellung von Jagd- und Trachtenschmuck spezialisiert und nach dem großen Firmensterben Ende des 20. Jahrhunderts in der Branche einer der wenigen Überlebenden. Inzwischen freilich, freut sich Julia, sei der Heimatbegriff wieder positiver besetzt, weise der Zeitgeist weg vom flüchtigen Konsum zurück zu den Wurzeln. Die Tracht erlebt einen neuen Aufschwung. Und das Geschäft floriert.

»Wir arbeiten als Manufakturbetrieb, das heißt, wir fertigen Rohlinge und Einzelteile und setzen sie danach zusammen«, erzählt Julia Hampel. Nur das Rohmaterial, das Silber und Gold, die Steine sowie die Grandeln (Eckzähne vom Hirsch) und Krickel von Reh oder Gams kaufe man von den Jägern der Gegend zu. Als Endprodukte eigne sich »alles, was man sich so umhängen kann«: Silberknöpfe, Hutnadeln, für die Damen Hals- und Armreifen, Colliers, Ringe, Ohrringe, Bettelarmbänder und Broschen, um das seidene Tüachl am Dirndl zu fixieren; für die Herren Jagd- und Grandelschmuck, Bindlringe für die Krawatte, Anhänger für Uhren- und Charivariketten.

Adresse Bräuhof 207, 8993 Grundlsee-Mosern, Tel. 03622/52416, www.steiner-schmuck.at | ÖPNV Postbus 956 von Bad Aussee Bahnhof bzw. Postamt bis Haltestelle Seeklause, von dort drei Minuten zu Fuß | Anfahrt B 145 nach Bad Aussee, vom Zentrum den Wegweisern nordostwärts nach Grundlsee folgen, Parkplatz vor dem Haus | Öffnungszeiten Mo–Mi 8–16 Uhr, Do 8–15.30 Uhr, Fr 8–12 Uhr; Geschäft in der Bahnhofstraße 103: Mo–Fr 8.30–12 und 14.30–18 Uhr, Sa 8.30–12 Uhr | Tipp Bestens zum Steiner-Schmuck passende Dirndl, Schals, Schürzen, Seidentücher, -kleider und -tops, aber auch Handschuhe, bedruckte Leder- und Lodenröcke führt die Traditionsfirma Mautner Drucke in Bad Aussee (Ischler Straße 67, www.mautnerdrucke.at).

83_Die Villa Karajan

An der Wiege einer Weltkarriere

Das Ausseerland war in den Sommermonaten seit alters ein bevorzugtes Rückzugsgebiet für Künstler aller Art. Zuhauf suchten und fanden sie in der so harmonischen Landschaft Inspiration. Die Einrichtung der Via Artis, der vier Künstlerwege in Alt- und Bad Aussee entlang des Grundlsees und der Grimmingorte, dient dem Andenken und der Vergegenwärtigung ihres Lebens und Schaffens.

Eine Ausnahme bildet insofern, als sie auf eine frühe Lebensphase des Protagonisten Bezug nimmt, noch ehe dessen Weltkarriere zündete, die Station, die an Herbert von Karajan erinnert. Die einschlägige Infotafel in der üblichen Form einer dreifüßigen Staffelei steht über dem westlichen Ende des Grundlsees im Ortsteil Mosern, und zwar vor der Villa Karajan.

Das stattliche Feriendomizil ließ sich der Großvater des Dirigenten, der im Aufbau des niederösterreichischen Sanitätsdienstes, Apotheken- und Impfwesens verdienstvoll aktive Mediziner Anton Ritter von Karajan, schon 1880 erbauen – selbstredend im regionaltypischen Stil, den Oberstock mit dunklen Brettern verschalt und talseitig mit dem unverzichtbaren »Brickl«, der zweigeschossigen geschlossenen Holzveranda, versehen. Sein 1908 in Salzburg geborener Enkelsohn Herbert, dessen Vorfahren aus dem griechisch-mazedonischen Raum stammen und ursprünglich Karajannis hießen, verbrachte hier die Sommer seiner Kindheit und Jugend. Es hieß, er habe schon als Bub die Wellen des Grundlsees kreuzend eine Leidenschaft für das Segeln entwickelt. Und auch sein Interesse für technisches Gerät, die Basis seines künftigen Faibles für schnelle Autos, Yachten, Flugzeuge und indirekt auch für innovative Ton- und Aufnahmetechnik sei dabei wohl schon vorgeprägt worden. Als freilich Ruhm und Einkünfte wuchsen, empfand der Maestro den Grundlsee bald als démodé und schuf sich in Anif bei Salzburg, in St. Moritz und an der Côte d'Azur eigene, luxuriösere Refugien.

Adresse Mosern 24, 8993 Grundlsee-Mosern | ÖPNV Postbus 956 von Bad Aussee Bahnhof bzw. Postamt bis Haltestelle Seeklause, von dort circa fünf Gehminuten in nordwestlicher Richtung auf dem Mosernweg hügelan | Anfahrt B 145 nach Bad Aussee, vom Zentrum den Wegweisern nordostwärts nach Grundlsee folgen, nach dem Kaiserstall zweimal links auf den Mosernweg | Öffnungszeiten Zimmervermietung in der Villa Karajan ganzjährig, Auskunft und Buchung unter Tel. 03622/8518 oder Tel. 0664/5640983 | Tipp Gediegene Kost in Gehdistanz bietet seit Generationen das idyllisch direkt am See gelegene Dorfwirtshaus Stöckl (Bräuhof 61, Di–So 10.30–22 Uhr, www.gasthausstoeckl.at).

84 Die Arche am Grundlsee

Das Gabillonhaus – ein Ankerplatz der Künste

Er war ein Heros des Wiener Hofburgtheaters und, nachdem er sich am Grundlsee einen Feriensitz zugelegt hatte, auch dort Mittelpunkt der – sommers zugereisten – Künstlerszene. Wenn Ludwig Gabillon (1825–1896) und seine Gattin Zerline riefen, gab sich die Schauspieler-Elite der k. u. k. Residenzstadt die Ehre, um hier, am Fuß des Backensteins, gemeinsam ausgiebig zu essen und zu trinken, zu singen und zu dichten und sich an der Pracht der Landschaft zu erfreuen. Im von Gründerzeitmaler Hans Makart illustrierten Gästebuch sind sie neben vielen namhaften Gelehrten, Dichtern, bildenden Künstlern alle verzeichnet: Mimen und Miminnen wie die Elßler, die Walter, die Schratt oder die Herren Devrient, Thimig und Sonnenthal.

Das ursprüngliche Domizil (Bräuhof 33) musste dem Ausbau der Uferstraße weichen. Doch jenes heute als »Villa Gabillon« firmierende Blockhaus, das sich der Hausherr als Rückzugsort zum Rollenstudium und Feiern mit Freunden direkt am Wasser errichten ließ, steht nach wie vor. Es wurde in den frühen 1970er Jahren von Romuald Pekny übernommen, der, ein denkbar würdiger Nachfolger des Erbauers, als Charakterdarsteller das deutschsprachige Theater über Jahrzehnte maßgeblich prägte. Pekny öffnete das inzwischen wohnlich erweiterte Haus, indem er es buchstäblich mittendurch sägte und so einen kleinen Saal für Publikum schuf. 1987 gründete er mit seiner Frau Eva Petrus-Pekny und der Schauspiel-Professorin Adelheid Picha den »Ausseer Kultursommer« – eine nach seinem Tod 2007 auf »Arche am Grundlsee« umgetaufte Veranstaltungsreihe, die sich heute in bewusst behaglich-privatim gehaltenem Rahmen alljährlich schwerpunktmäßig Themen wie Umwelt, Natur, Brüderlichkeit, Freundschaft, Eros oder Glaube widmet. Dabei wird auch musiziert, vorrangig jedoch in Form von literarischen Lesungen, wissenschaftlichen Vorträgen und Theateraufführungen der Kunst des Wortes gehuldigt.

Adresse Bräuhof 59, 8993 Grundlsee-Bräuhof, www.archeamgrundlsee.at | ÖPNV Postbus 956 von Bad Aussee Bahnhof bzw. Postamt bis Haltestelle Seeklause, von dort drei Minuten zu Fuß | Anfahrt B 145 nach Bad Aussee, vom Zentrum den Wegweisern nordostwärts nach Grundlsee folgen, Parkplatz vor dem Haus | Öffnungszeiten Aufführungen jeweils im Aug., Karten in den Informationsbüros des Ausseerlandes bzw. unter Tel. 0664/4221112 | Tipp Eine örtliche Theatertradition stellt das dem Gedenken an Erzherzog Johann gewidmete »Wildererspiel« dar. Die von der Dorfgemeinschaft von Gößl mit viel Herzblut organisierten Freiluftaufführungen finden bloß alle paar Jahre, das nächste Mal 2024, statt. Hauptschauplatz ist eine Bühne auf der Wiese hinter dem Gasthof Veit (www.wildererspiel.at).
Im Bild unten: Arche-Pionierin und Seele des Hauses, Adelheid Picha, mit dem seit Jahrzehnten engen Gefährten im Geiste, dem Musiker Johannes Daxner.

85 Die Messkapelle Gößl

Ein Dorfkirchlein in Familienbesitz

»Daust«, so bezeichnen die rund 300 Bewohner von Gößl in ihrem knorrigen Dialekt die Welt »draußen«, im Westen, jenseits der Grenzen ihres kleinen Dorfes. Die große Abgeschiedenheit, die langen Winter, die besondere Exponiertheit gegenüber der Natur prägten eine Mentalität der Eigenverantwortlichkeit. So ersannen die Vorfahren der Gößler vor Jahrhunderten schon in Selbstverwaltung die Einrichtung einer Dorfrichterei: Neun Bauernfamilien teilen sich bis heute die Verantwortung für alle internen Belange der Gemeinschaft. Jedes Jahr stellt wechselweise eine den Dorfrichter – ein Amt, das neuerdings auch Frauen offensteht.

Ihre Emanzipiertheit und Tatkraft bewiesen die Gößler früh auch schon gegenüber der katholischen Kirche. 1782 war's, da beantragten sie, des elendslangen Weges zur Sonntagsmesse in Bad Aussee müde, den Bau einer Kirche samt Gründung einer Seelsorge. Alle zuständigen Stellen lehnten wegen der hohen Kosten ab. Der Pfleger der k. u. k. Herrschaft Pflindsberg notierte zu dem Fall: »… dass diese Kurazie in Gößl vielleicht unnöthig, unnütz und für das höchste Aerarium sehr kostspielig zu seyn scheinen möge …« 40 Jahre wogte die Debatte. Dann war es den Betroffenen zu dumm, und sie bauten sich ihre Kirche auf eigenem Grund mit eigenem Geld selbst. Am 10. August 1821 wurde in der kleinen, dem Erzengel Raphael geweihten Kapelle die erste »Hl. Mess und Christenlehr« gefeiert. Schon zwölf Jahre später vergrößerte man den Bau und ersetzte das Holz durch Mauerwerk.

Was Kunstfreunde an ihm vorrangig interessieren mag: der aus der Pfarrkirche Bad Aussee hierhertransferierte Renaissance-Altar mit dem von einem Maler aus Kainisch geschaffenen Bild des Kirchenpatrons beim Fischfang; weiters das große Dreifaltigkeitsfresko an der Innendecke und natürlich, als Blickfang an der Außenfassade, das 1946/47 von Karl Hauk geschaffene Sgraffito des heiligen Christophorus.

Adresse rechter Hand der Toplitzseestraße, 8993 Grundlsee-Gößl, Tel. 03622/8533 | **ÖPNV** Postbus 956 von Bad Aussee Bahnhof bzw. Postamt bis Haltestelle Gößl Strandbad, von dort wenige Minuten zu Fuß | **Anfahrt** B 145 nach Bad Aussee, vom Zentrum den Wegweisern nordostwärts nach Grundlsee folgen, Parkplatz neben dem Gasthaus »Rostiger Anker« | **Öffnungszeiten** nur bei Messen, im Rahmen von Veranstaltungen und nach Vereinbarung zugänglich | **Tipp** Eine ergänzende Besichtigung sollte der Pfarrkirche von Grundlsee im Ortsteil Bräuhof gelten. Um 1890 nach Plänen von Robert Mikovics und Max Cordignano errichtet, birgt sie eine neugotische Einrichtung, schöne Glasfenster und eine Reihe von im Grödnertal geschnitzten Holzstatuen.

86 Der Mautner-Gedenkstein

Ein Brauchtumsbewahrer und Freund

Der Gedenkstein steht unauffällig auf halbem Weg an der Fahrstraße vom Grundl- zum Toplitzsee. Doch scheint gerade diese ungekünstelte Bescheidenheit bestens zum Wesen des durch ihn Geehrten zu passen: ein unbehauener Kalkfels, hüfthoch, davor ein Blumenstock und ein Schild: »Dem unvergesslichen Freund und Forscher heimischen Brauchtums«.

Konrad Mautner, um den es hier geht, war Sohn eines Wiener Großindustriellen und eigentlich dazu prädestiniert, dereinst die väterlichen Textilfabriken zu übernehmen. Doch der Filius machte wenig Anstalten, der Bestimmung zu folgen. Seine wahre Leidenschaft galt der Volkskultur des Ausseerlandes. Dort hatte er seit früher Kindheit mit Eltern und Geschwistern die Sommerfrische verbracht und mit Einheimischen enge Freundschaften geschlossen. Nachdem er seinen Kriegsdienst in der musikhistorischen Zentrale des k. u. k. Kriegsministeriums mit der Sammlung von Soldatenliedern verbracht hatte, zog er sich endgültig aus der Firma zurück.

1909 schon hatte er mit seiner Frau den Lebensmittelpunkt an den Grundlsee verlegt, dort ein Haus und in Gößl eine Holzknechthütte erworben. Im selben Jahr gründete er einen Trachtenverein, organisierte fortan Trachtenfeste und veröffentlichte zahlreiche Studien zu Brauchtum und Liedgut des Ausseer Landes. Als eine bibliografische Kostbarkeit, eine Art erste musikalische Dorfmonografie Österreichs, gilt das von ihm 1910 verfasste »Steyerische Raspelwerk. Lieder, Vierzeiler und Gasselreime aus Goeßl am Grundlsee«. Das Original findet man im Kammerhofmuseum in Bad Aussee.

Der Gedenkstein übrigens, den die dankbaren Grundlseer und Gößler ihrem Freund und Gönner – auch weil er ihnen in Friedens- wie Kriegszeiten oft finanziell unter die Arme gegriffen hatte – schon 1925, ein Jahr nach seinem Tod, errichteten, haben die Nazis 1938 zerstört. Er wurde 2008 an gleicher Stelle erneut aufgestellt.

Adresse 8993 Grundlsee-Gößl | **ÖPNV** Postbus 956 von Bad Aussee Bahnhof bzw. Postamt bis Haltestelle Gößl Strandbad, von dort circa 20 Minuten zu Fuß; Wanderroute von Gößl zum Toplitzsee: Konrad-Mautner-Weg, Gedenkstein linkerseits etwa 300 Meter nach dem Gasthof Veit | **Anfahrt** B 145 nach Bad Aussee, vom Zentrum den Wegweisern nordostwärts nach Grundlsee folgen, Parkplatz neben dem Gasthaus »Rostiger Anker« | **Tipp** Ein Bruder im Geiste Mautners, mit dem ihn die innige Liebe zu Volkskultur und -musik verband, war der Lehrer, Liedsammler und Mundartdichter Hans Gielge (1901–1970). Wie Mautners »Steyrisches Raspelwerk« steht auch seine Jodlersammlung »Klingende Berge« im Musikzimmer des Kammerhofmuseums Besuchern als Original zur Betrachtung und als Nachdruck zum Blättern und Hören zur Verfügung.

87 Der Toplitzsee

Ein wunderschönes, für immer ungelöstes Rätsel

Es gibt in Mitteleuropa nicht viele Seen und schon gar nicht so winzige, die es im Laufe ihrer Karriere bis auf die Cover von Stern, GEO, National Geographic und sogar an prominenter Stelle in die New York Times geschafft haben. Freilich ist auch keiner so geheimnisumwittert und regt die menschliche Phantasie ähnlich stark an. Munition und Waffen, Gold, Diamanten, Falschgeld und Geheimkonten – was soll nicht alles unter der dunkel dräuenden Oberfläche des Toplitzsees verborgen liegen. Die Gerüchteküche brodelt ohne Ende. Kein Wunder, hat dieses zwischen Grundl- und Kammersee gelegene, 1,8 Kilometer lange und von waldigen Steilufern eingefasste Gewässer seit dem Zweiten Weltkrieg zahllose Taucher, seriöse wie unseriöse, und sogar U-Boote angelockt.

Tatsache ist, dass die Natur es Schatzsuchern fast verunmöglicht, dem Geheimnis im buchstäblichen Wortsinn auf den Grund zu gehen. Denn das Wasser des über 100 Meter tiefen, unter strengen Schutz gestellten Naturjuwels ist in den unteren Schichten vollkommen sauerstofflos. Zudem hat sich über dem Boden ein Rost aus kaum vermoderten Baumstämmen gebildet – für fürwitzige Forscher eine Todesfalle. Tatsache ist auch, dass die Nazis am Toplitzsee eine Marineversuchsstation betrieben und Anfang Mai 1945 in ihm eine Reihe von Kisten versenkten. Unter dem Codenamen »Operation Bernhard« hatte die SS aus der Fälscherwerkstatt im KZ Oranienburg Druckerpressen und falsche Pfundnoten, mit denen man Englands Währung untergraben wollte, in die »Alpenfestung« gebracht und sich ihrer in einer Art Torschlusspanik hier entledigt.

Nennenswerte Wertsachen hat jedenfalls bis heute niemand ans Tageslicht gebracht. Nur eine von Scherzbolden versenkte Kiste voller Kronkorken und Schweinsknochen. Und ein Biologe fand 1983 im Auftrag des Magazins GEO in 60 Metern Tiefe eine bis dahin unbekannte Wurm- und eine Bakterienart.

Adresse östlich von Gößl, 8993 Grundlsee-Gößl | ÖPNV Postbus 956 von Bad Aussee Bahnhof bzw. Postamt bis Haltestelle Strandbad, von dort etwa eine halbe Stunde zu Fuß auf der Forststraße oder dem idyllischen Bachweg; Boote und SUP-Boards nicht zulässig, Baden erlaubt | Anfahrt B 145 nach Bad Aussee, vom Zentrum den Wegweisern nordostwärts nach Grundlsee folgen, mit dem Wagen bis zum Parkplatz neben dem Schiffsanleger in Gößl | Tipp Dem Restaurant Fischerhütte am Toplitzsee ist ein kleines See-Museum angeschlossen (Gössl 172, Tel. 03622/8296, www.toplitzsee.at, ganzjährig Do–Di 11–20 Uhr). Anfang August findet in Gößl die Veranstaltung »Sprudel, Sprudel & Musik – Festival für Kunst, Kultur, Natur und Mensch« statt (www.sprudelsprudel-musik.com).

88 Die Fischerei Ausseerland

Ein Ausflug zu Saibling, Forelle & Co.

Die Zeiten sind wohl ein für alle Mal vorbei, da der Kaiserhof zu Wien und die Landesfürsten in Graz, die hohe Geistlichkeit und Beamtenschaft alleinige Nutznießer der Ausseer Fischbestände waren; da die Flossentiere lebend per Fuhrwerk nach Leoben oder zum Hallstätter See und von dort auf Schiffen flussabwärts frisch in die herrschaftlichen Küchen gelangten. Heute sind Forelle und Saibling eine für jedermann verfügbare Spezialität der regionalen Gastronomie.

Will man diese Köstlichkeit nicht bloß schmeckend genießen, sondern mehr über ihren Werdegang wissen, empfiehlt sich eine Betriebsbesichtigung der »Fischerei Ausseerland«. Dort lernt man bei einer zweistündigen Führung den Lebensraum heimischer Fischarten kennen und erfährt vielerlei Spannendes über den Weg vom Ei zum fertigen Speisefisch.

Fasziniert lauscht man Betriebsleiter Alexander Scheck, wenn er vom Laichvorgang etwa der Saiblinge und dem Abfischen der Muttertiere im Grundlsee erzählt, von den Stadien des Schlüpfens und Heranwachsens bis zur Schlachtung, dem händischen Ausnehmen, Schuppen und Filetieren. Wobei am Wegesrand Fotografien, etwa von befruchteten Eiern oder Jungtieren, durch deren Haut Herz, Aorta und Dottersack schimmern, den Wow-Effekt noch steigern.

Das Fachwissen, der große, mit modernster Technik betriebene Aufwand und auch die Konsequenz, mit der hier auf höchste Hygienestandards und Nachhaltigkeit geachtet wird, steigern den Respekt vor der Qualität des Endprodukts. So sind Antibiotika tabu. Mit der Aufzucht im eiskalten Quellwasser nimmt man bewusst in Kauf, dass die hiesigen Fische viel langsamer, dafür gesünder heranwachsen als in herkömmlichen Aquakulturen. Zweieinhalb Jahre sind sie zur Zeit ihrer Schlachtung alt. Wer versteht da nicht, dass der Preis für ihr Fleisch deutlich höher sein muss als etwa für das eines turbogemästeten, mit Medikamenten vollgepumpten Billighuhns?

Adresse Kainisch 103, 8984 Bad Mitterndorf-Kainisch, Tel. 03624/289, www.fischereiausseerland.at | ÖPNV ÖBB Kainisch, Postbus 950 bis Haltestelle Kainisch Bahnhof oder Ort, von dort 15 Minuten zu Fuß | Anfahrt B 145, Abfahrt am Westrand von Pichl-Kainisch, den Wegweisern folgen | Öffnungszeiten Mo–Sa 9–13 Uhr, Mi zudem 17–19 Uhr; in Bad Aussee (Altausseerstraße 356): Do, Fr 9–13 und 17–19 Uhr, Sa 9–13 Uhr; in Grundlsee (Mosern 19): Anfang Juni–Ende Aug. Fr 15–19 Uhr; Online-(Kühl-)Versand siehe Homepage, Führungen Anfang Mai–Ende Sept. für Individualgäste zu fixen Wochenterminen (Reservierung erbeten), für Gruppen Terminwahl flexibel, im Anschluss Verkostung oder Fischjause zusätzlich buchbar | Tipp Von der Bahnstation Kainisch führt ein kinderwagentauglicher Spazierweg in eineinhalb Stunden zwischen Wald, Riedlbach und entlang der Bahngleise bis zur malerischen Jausenstation Stieger (Mühlreith 30, Tel. 03624/393, Mi–So 11–23 Uhr).

89 Die Kohlröserlhütte

Genuss- und Erlebnisoase am Ödensee

Das Haus ist ohne Zweifel, was man im denglischen Neusprech ein Hideaway nennt. Rundum, so weit das Auge reicht, nichts als Wald, vereinzelt Wiesen mit Kühen drauf. Zu Füßen seiner Sonnenterrasse: ein See, 20 Hektar groß, so gut wie unbebaut und von Wald umsäumt, mit kleinem Strand, Kinderspielplatz und ein paar Holzstegen, die zum Baden laden. Ödensee heißt dieses Landschaftsjuwel. Es steht mitsamt den ihn umgebenden Hochmooren unter striktem Naturschutz.

Seit Ende der 1920er Jahre diente die Kohlröserlhütte, so der Name des versteckten Idylls, den Ausflüglern aus der Umgebung als Kalorientankstelle – anfangs als bloße Rindenhütte mit Ausschank, später als verdienstvolle, jedoch herkömmliche Familiengaststätte. 2016 übernahmen Christina und Manfred Mayer den Betrieb und starteten komplett neu durch. Das Ergebnis: ein unternehmerisches Gesamtkunstwerk namens »Genuss Gasthaus«. Im Tandem mit Neo-Eigentümer Rainer Stempkowski, einem Innovation und Nachhaltigkeit gleichermaßen verpflichteten Baumanager, entstand ein hochmodernes Haus mit Ausseer Charme, das sich harmonisch in die Umgebung einfügt. Als Material fanden vornehmlich Naturstein und Holz aus der Region, teilweise von alten Ställen, beim Innendekor Loden und in einer Stube sogar lebendes Moos Verwendung. Zugleich ist der Bau ein Niedrigstenergiehaus, das das, was es verbraucht, zu 100 Prozent aus erneuerbaren Quellen bezieht.

Mindestens ebenso grundlegend waren die gastronomischen Neuerungen. Die Mayers, er war zuvor lange Küchenchef im Hotel Erzherzog Johann in Bad Aussee, setzen konsequent auf regionale Rohstoffe in Spitzenqualität sowie ganzheitliches Erleben. Gäste können zuschauen, verkosten, kulinarische Plättenfahrten, Koch-, Grill- und Tortenkurse buchen. Und sie können zu guter Letzt im angeschlossenen »Genussladen« für daheim oder Freunde Spezialitäten erstehen.

Adresse Ödensee 144, 8990 Bad Aussee-Ödensee, Tel. 03624/213, www.genussamsee.com | **ÖPNV** ÖBB Kainisch, Postbus 950 bis Haltestelle Kainisch Bahnhof, von dort 30–40 Minuten zu Fuß | **Anfahrt** B 145, Abfahrt Kainisch, gut zwei Kilometer den Wegweisern zum Ödensee folgen, großer Parkplatz | **Öffnungszeiten** Gasthaus: täglich 11–22 Uhr; zugehöriger Genussladen (u. a. für in der hauseigenen Manufaktur hergestellte Pestos, Nudeln, Gewürze): täglich 10–18 Uhr | **Tipp** Vor oder nach der Einkehr bei Mayers geradezu unverzichtbar sind die etwa einstündige Umrundung des Ödensees auf bequemem Wanderweg und sommers ein erfrischendes Bad in selbigem.

90 Die Strumern

Wenn der Wald zum Fluss wird

Das Phänomen setzt für gewöhnlich Anfang Mai ein, wenn es viel geregnet hat oder markant wärmer wird und der Schnee oben am Dachsteinplateau in Massen schmilzt. Dann bilden sich in dem karstigen, wie Schweizer Käse von Höhlen durchlöcherten Berginneren unterirdische Seen. Und wenn dort das Wasser übergeht, quillt es vorübergehend unten im Tal aus dem Erdreich.

Der Ort dieses einzigartigen Naturschauspiels, das manchmal schon nach ein paar Stunden, immer aber spätestens nach wenigen Tagen von selbst wieder versiegt, ist ein Wald am Rand des Ortsteils Mühlreith, südlich der B 145, ganz in der Nähe von Pichl-Kainisch. Seine Besonderheit macht sich schon beim Näherkommen bemerkbar: durch ein anschwellendes Rauschen und Tosen und durch die Feuchte in der Luft, den intensiven Duft nach Wald, Moos, lebenspendendem Frühling. Steht man schließlich auf der eigens für Besucher errichteten Holzbrücke, erlebt man ein faszinierendes Spektakel. Scheinbar willkürlich sprudelt das Wasser – erfrischende fünf Grad kalt – an diversen Stellen aus dem Waldboden und vereint sich alsbald zu einem reißenden Bach.

Exakt planen lässt sich das Erlebnis freilich nicht. Ein Ohr dicht an der informellen News-Börse der Einheimischen und dazu ein gehöriges Quentchen Glück sind Voraussetzung, dass man den richtigen Zeitpunkt erwischt. Hinzu kommt die enorme Schwankungsbreite der Schüttung. Ist die Quelle aktiv, beträgt deren mittleres Volumen 50 bis 70 Liter pro Sekunde, doch schwillt die Menge zeitweise bis auf 1.000 Liter an, um wenig später zum Rinnsal zu schrumpfen. So oder so ist sie jedenfalls ein Kraftplatz, der sich mit allen Sinnen erleben lässt und zum Meditieren über die wundervolle Regenerationsfähigkeit der Natur einlädt. Selbst trockengefallen bietet das Bachbett mit seinen von Moosteppichen bedeckten Steinblöcken eine Augenweide, ergo ein überaus lohnendes und obendrein leicht zu erreichendes Wanderziel.

Adresse Pichl-Kainisch, 8984 Bad Mitterndorf-Mühlreith | **ÖPNV** ÖBB Kainisch, Postbus 950 bis Haltestelle Reith (Kainisch) Ort, von dort 30–40 Minuten zu Fuß, viertelstündiger Fußweg vom Parkplatz bestens beschildert | **Anfahrt** B 145, Abfahrt Kainisch, gut zwei Kilometer den Wegweisern entlang Mühlreith- und Heissweg zu »Strumern« folgen, Parkplatz am Waldrand | **Tipp** Ein weiterer, etwa halbstündiger Spaziergang führt völlig eben von Bad Mitterndorf auf dem sogenannten Laasenweg den Obersdorfer Bach entlang durch eine wunderschöne Auenlandschaft nach Obersdorf.

91 Der Kumitzberg

Blickfang und Wallfahrtsziel

Zu Beginn des 18. Jahrhunderts, so geht die Legende, wirkte zu Mitterndorf ein gar frommer Priester, Balthasar Marinz mit Namen. Im Jahr 1713 soll er, um seinen dortigen Kollegen im Amte zu besuchen, Richtung Aussee geritten sein, als sein weißer Schimmel am Fuß des Kumitzberges stürzte. Wundersamerweise unverletzt, tat er das Gelübde, droben auf der bewaldeten Höhe eine Dankeskapelle zu errichten. Geschworen, getan: Der Gottesmann ließ den versprochenen Sakralbau samt Kreuzweg bauen. Schon 1717 erfolgte, inzwischen hatte man auch die spätgotische Pietà aus der Mitterndorfer Pfarrkirche hinaufverbracht, die Einweihung. Im Nu mutierte der Gnadenort zum Wallfahrtsziel. Reiche Spenden ermöglichten nur zwei Generationen später den Bau einer größeren, der heutigen den »Sieben Schmerzen Mariens« geweihten Kirche.

Unterwegs auf der B 145 Richtung Westen, sieht man knapp fünf Kilometer nach Bad Mitterndorf rechter Hand das Gotteshaus mit seinem barocken Zwiebelhelm von der waldigen Anhöhe hinab ins Land grüßen. Es ist abseits der Gottesdienstzeiten leider nur von außen zu besichtigen. Kunstinteressierte sollten freilich einen punktgenauen Besuch einplanen. Denn sein Inneres birgt gleich drei prächtige Werke, Hochaltar, Tabernakel und Kanzel, des örtlichen, für sein künstlerisches Wirken jedoch weit über die Region hinaus bekannten Bildhauers Johann Fortschegger (siehe Ort 94).

Beachtenswert sind die fünf gemauerten Kreuzwegstationen, die den Zufahrtsweg säumen. Aus spiritueller Perspektive vielleicht spannender zu wissen ist, dass sich auf dem so singulär aus der Talebene ragenden Kumitzberg – sein Name stammt aus dem Slawischen und bedeutet schlicht »Hügel« – in vorchristlicher Zeit ein großer heidnischer Opferstein befand und schon damals wie auch bald nach der Christianisierung wundergläubige Menschen scharenweise zu dem markanten Ort hinaufpilgerten.

Adresse Obersdorf 41, 8983 Bad Mitterndorf-Obersdorf, Tel. 03623/2228 | ÖPNV ÖBB Bad Mitterndorf, Postbus 950 bis Haltestelle Obersdorf Abzweiger Melzen | Anfahrt B 145, Abfahrt Obersdorf, weiter Richtung Knoppen, am Fuß des Kumitzberges parken, zehnminütiger Aufstieg | Öffnungszeiten nur zu den Gottesdienstzeiten So 9 Uhr und jeden 13. des Monats 19.30 Uhr, winters 19 Uhr | Tipp Sehr lohnenswert zu begehen ist der Obersdorfer Rundweg (Geotrail). Er führt, gut beschildert, mit informativen Schautafeln bestückt und ohne größere Höhenunterschiede, knapp zehn Kilometer weit von der Westeinfahrt Bad Mitterndorfs (Haus Trinkl) durch den Ortsteil Rödschitz Reith. Nach der Umrundung des Kumitzberges geht es entlang des Obersdorfer Mooses bis zum Anwesen Pleam und von dort auf dem Laasenweg zurück zum Ausgangspunkt.

92 Das Fraungruber-Haus

Der Meister der Mundart-Poesie

Er verbrachte einen Großteil seines Erwachsenenlebens als Lehrer und Schuldirektor in Wien. Doch dem steirischen Salzkammergut, wo er 1863 zur Welt kam und die frühe Kindheit verlebte, blieb er bis zu seinem Tod 1933 aufs Engste verbunden. Jede freie Ferienminute wanderte er durch seine Herzensgegend zwischen Grimming und Loser, erkundete die Seele von Land und Leuten und goss seine Beobachtungen, oft mit tiefsinnigem Humor gewürzt, in Buchstaben.

Hans Fraungrubers Gedichte und auch seine Erzählungen »Bei uns dahoam«, »Meine Bergbauern« oder die »Ausseer G'schichten« mögen im 21. Jahrhundert vor allem auf Stadtbewohner und jüngere Semester reichlich unzeitgemäß wirken. Und zwar inhaltlich: Hoamatliab, noch dazu mit solcher Inbrunst beschworen, gilt, wohl auch als Spätfolge ihres Missbrauchs durch die NS-Propaganda, in vielen Milieus als krass out; aber auch sprachlich: Als Zuagroaste Stoasteirisch zu verstehen is a Hund, soll heißen: ziemlich schwierig. Wobei jene Missgünstigen natürlich maßlos übertreiben, wenn sie den hiesigen Dialekt als ein Bellen bezeichnen.

Zurück zu Fraungruber: Der beschränkte sich nicht auf das Heimatdichten, schrieb vielmehr auch einen Führer durch das Hinterberger Tal, betreute lange Jahre die Zeitschrift »Das deutsche Volkslied« und verfasste Schullehrbücher, Sagen und Märchen sowie das erste österreichische Schulliederbuch.

Schon zu Lebzeiten, aber mehr noch post mortem wusste man Fraungrubers Leistungen zu würdigen. So erinnern an ihn, der eng mit dem ebenfalls steirischen Schriftsteller Peter Rosegger, aber auch dem Komponisten Wilhelm Kienzl und dem Volksschauspieler Alexander Girardi befreundet war, gleich zwei Gedenktafeln, jeweils an prominenter Stelle in Bad Mitterndorf und Bad Aussee. Vor seinem Geburtshaus in Obersdorf steht eine Büste. Und am Wiener Zentralfriedhof erhielt er zusammen mit seiner Frau Marie ein Ehrengrab.

Adresse Obersdorf 29, 8983 Bad Mitterndorf-Obersdorf | ÖPNV ÖBB Bad Mitterndorf, Postbus 950 bis Haltestelle Obersdorf | Anfahrt B 145, Abfahrt Obersdorf | Tipp An der Station I der »Via Artis Grimmingorte«, kann man sich nur 1,5 Kilometer westlich in Pichl, Ortsteil Knoppen, im Geiste vor Herbert Zand (1923–1970) verbeugen. Am Geburts- und Wohnhaus dieses ausgezeichneten Romanciers, Erzählers und Lyrikers (Nummer 17) erinnert eine Tafel und am Naturpfad durch das idyllische Knoppenmoos einen Kilometer südlich ein Gedenkstein an ihn.

93 Die Teltschenalm

Nicht nur für Fromme ein wundersames Wanderziel

Sie waren, verglichen mit jenen von Fátima, Lourdes oder Guadalupe, wohl nur Marienerscheinungen von zweitrangiger Bedeutung und bekamen kirchlicherseits bis heute offiziell keine Übernatürlichkeit zuerkannt. Doch in der damals engen Welt des Hinterberger Tales waren sie ein Novum und sorgten für Aufsehen: jene insgesamt drei Visionen, die im Sommer anno 1889 den Viehhirten Peter Dangl vulgo »Söfferl Peta« im Gebiet der Teltschenalm widerfuhren. Nach den beiden ersten malte der damals schon fast 60-jährige Mann – er besaß beträchtliche künstlerische Begabung – ein Bild der Himmelsmutter und hängte es am Ort der wundersamen Begegnungen an einen Baum.

Nach der dritten Begegnung, bei der ihm ein zahmes Reh den Weg gewiesen hatte und Maria mit dem Jesuskind im Arm, von Strahlen umkränzt, auf einem Fels stehend erschienen war, verewigte er das Ereignis zunächst in Form einer kleinen Schnitzarbeit. Später fertigte er einen hölzernen Bildstock mit einer 60 Zentimeter großen Marienstatue samt zugehörigem Reh. Es kam, was kommen musste: Gläubige aus nah und fern strömten zur »Teltschenmuatter« auf der Alm gleichen Namens. Vermeintlich unheilbar Kranke genasen auf mirakulöse Weise. Bald hingen an den Ästen rund um den »Wunderfelsen« zahlreiche Votivbilder und auch von ehemals Lahmen zurückgelassene Krücken.

Irgendwann ließ der Ansturm von Pilgern zwar nach. Doch die Bauern und Brenterinnen (Sennerinnen) der umliegenden Almen sorgten für die Erhaltung des Bildstocks. Noch heute wird alljährlich Anfang September bei der Teltschenmutter eine Andacht abgehalten. Doch auch glaubenlos-freigeistige Zeitgenossen halten an dem angeblich geheiligten Ort, viele unterwegs auf dem Rundweg hinauf zum Aussichtsberg Kampl (1.685 Meter), gern Rast. Denn gesegnet mit Liebreiz ist diese Alm mit ihren wettergegerbten Holzhütten und der Kulisse aus Felswänden und dichtem Wald ohne Zweifel.

Adresse 8983 Bad Mitterndorf-Obersdorf | ÖPNV ÖBB Bad Mitterndorf, Postbus 950 bis Haltestelle Obersdorf, von der Ortsmitte den gelben Wegweisern des Kamplrundweges folgen, zunächst durch den steilen Achzweg (Geotrail-Infotafeln), später auf bequemer Forststraße bis auf 1.200 Meter Seehöhe, Schild »Zur Teltschenmutter« | Anfahrt B 145, Abfahrt Obersdorf | Tipp Ein Stück oberhalb der Alm, im Eisengraben, stößt man rechts vom Rundweg auf mächtige Erzhalden und wenig später auf den Eingang zum Arzlochstollen. Hier wurde das ganze 19. Jahrhundert hindurch und bis 1906 Eisenerz (Arz) geschürft.

94 Der Bildhauermeister

Die frommen Augenschmäuse des Johann Fortschegger

Die Qualität der Ausstattung beeindruckt vermutlich selbst eingefleischte Atheisten: Wer die Pfarrkirche von Bad Mitterndorf betritt, weiß anfangs gar nicht, wohin schauen. Marien- und Annenaltar, der Hochaltar mit den Statuen der Salzburger Bischöfe Rupert und Virgil und dem Tabernakel, die Kanzel mit den vier Evangelisten, der Taufstein mit der Taufe-Christi-Figurengruppe auf seinem Deckel, Engel, Putti, von Sonnenstrahlen durchwirktes Gewölk ... Unter dem Netzrippengewölbe des spätgotischen Gotteshauses, das mit seinem mächtigen Vierkantturm seit dem 14. Jahrhundert über das Ortszentrum wacht, feiert der Barock in all seiner golden glänzenden Opulenz fröhliche Urständ. Zudem zeugen die Figuren von einer erlesenen Schnitzkunst, wie man sie in einer knapp 5.000 Seelen zählenden Marktgemeinde nicht erwartet.

Schöpfer fast all dieser Pracht ist der Bildhauer und Kunsttischler Johann Fortschegger (1743–1827). Der gebürtige Tiroler hatte sich, nach einer Lehre im nahen Benediktinerstift Admont, schon in jungen Jahren in Mitterndorf angesiedelt. Mit einer Einheimischen verheiratet (mit der er zwölf allesamt in frühester Jugend verstorbene Kinder hatte), schuf er in der Folge für ein gutes Dutzend Kirchen in der Region Altäre und Heiligenfiguren, Kruzifixe und Kanzeln gleichsam in Serie.

Wobei, was vordergründig bloß als üppiger Augenschmaus daherkommt, auch Ausdruck eines harschen Zeitgeistes war. Der katholische Klerus und mit ihm der absolutistische, über die Türken triumphierende Habsburgerstaat begegneten damals im Zuge der Gegenreformation Andersgläubigen mit dogmatischer Härte. Und neben deren Vertreibung, den jesuitischen Theatern und Schulen sowie dem aggressiven Ausbau des Pfarrnetzes und Wallfahrtswesens gehörte eben zum Repertoire kirchlicher Machtpolitik auch die propagandistische Neugestaltung der Gotteshäuser im ehrfurchtgebietenden Stil des Barock.

Adresse Pfarrkirche, Bad Mitterndorf 1, 8983 Bad Mitterndorf-Zentrum, Tel. 03623/2228 | ÖPNV ÖBB Bad Mitterndorf, Postbus 950 bis Haltestelle Zentrum | Anfahrt B 145, Abfahrt Bad Mitterndorf | Öffnungszeiten tagsüber frei zugänglich | Tipp Eine Gedenktafel für Johann Fortschegger befindet sich am ehemaligen Wohnhaus des Künstlers, dem an den dreibögigen Arkaden leicht erkennbaren Artweger-Haus (Nummer 14). Dieses ist eine Station der »Via Artis Grimmingorte«. Seine sakralen, in späteren Jahren von Rokoko und Klassizismus beeinflussten Kunstwerke sind auch in etlichen Kirchen der Umgebung, unter anderem in der Pfarrkirche Bad Aussee (Kanzel), auf dem Kumitzberg und in Pürgg, aber auch im Enns-, im Palten- und im Murtal zu bewundern.

95 Die Sammlung Strick

Heimatkundliches in Hülle und Fülle

Begonnen hat der Urgroßvater, Franz Strick I., vor mehr als 100 Jahren. Steine und Mineralien hatten es ihm angetan, die er aus der ganzen Region zusammentrug. Franz II., sein 1902 geborener Sohn, erbte die Sammelleidenschaft, erweiterte freilich seinen Aktionsradius massiv. Als die Leute nach dem Zweiten Weltkrieg, vom zeitgeistigen Wunsch nach Modernisierung beseelt, landauf, landab ihre Stuben und Dachböden entrümpelten, war er es, der viel von dem »alten Zeug« weitsichtig an sich nahm. Mit den Folgen, nämlich akuten Platzproblemen, räumte er 1958 auf, indem er sein Haus kurzerhand zum Privatmuseum umbaute.

Gleichsam genetisch bedingt, schließlich wurde ihr das Aufbewahren und Pflegen historischer Objekte in die Wiege gelegt, betreuen seit 2015, als Franz III. starb, dessen Tochter Regina mit Mann und Sohn die längst ins Exorbitante gewachsene Sammlung. Empfangen werden Besucher gleich im Erdgeschoss mit einer beachtlichen historischen Bibliothek. Richtig überwältigend ist die Objektfülle jedoch in den Räumen des ersten Stockes: Knochen und Zähne von Höhlenbären, Mineralien, Fossilien und prähistorische Werkzeuge aus dem Toten Gebirge finden sich da in unmittelbarer Nachbarschaft zu einer Pfeifensammlung, Wanduhren, Haushaltsgeräten, Flaschen, Porzellan, Wimpeln, Gedenknadeln und -medaillen, Votivbildern und Devotionalien – alles fein säuberlich in Regalen oder in herrlich altmodischen Vitrinen präsentiert. Ein spezieller Blickfang ist das Skelett aus dem frühmittelalterlichen Gräberfeld von Krungl (siehe Ort 104), ein zweiter die Parade von 700 Puppen aus aller Welt.

Zu guter Letzt kann man oben, unterm Dach, neben Fahnen, Militärkappen, Feuerwehrhelmen, Gewehren, Spazierstöcken und Bauernmöbeln noch die überaus eindrücklichen Masken und Kostüme des örtlichen Nikolospiels (siehe Ort 106) bewundern. Und die mit 150 Figuren größte Privatkrippe der Gegend.

Adresse Bad Mitterndorf 67, 8983 Bad Mitterndorf-Zentrum, Tel. 0664/2076663 | ÖPNV ÖBB Bad Mitterndorf, Postbus 950 bis Haltestelle Zentrum, Zugang rechts um die Ecke des Tourismusbüros und über den Bach | Anfahrt B 145, Abfahrt Bad Mitterndorf | Öffnungszeiten Okt.–Mai Di 10–17 Uhr, Terminvereinbarung das ganze Jahr über möglich | Tipp Von der nahen Mitterndorfer Kirche führt der Fraungruberweg, gesäumt von Boxen mit Mundartgedichten seines Namenspatrons zur freien Entnahme, in einer Drei-Kilometer-Runde Richtung Kochalm.

96 Das Lieglloch

Einst die Heimat von Höhlenbären

Steht man im Ort Tauplitz unten an der richtigen Stelle, kann man die Öffnung im Fels schon aus der Ferne klaffen sehen. Doch so richtig bewusst wird einem ihre Dimension erst oben, direkt am Höhleneingang. 15 Meter breit und zehn Meter hoch ist das Portal, das sich da auf 1.290 Metern Seehöhe am Fuß der Bergerwand auftut. Ein Gang führt tief ins Berginnere. Etwa 50 Meter weit ist er und für jedermann einfach zu begehen. Die Aussicht von hier, dem Ostrand des Krahsteinstocks, hinüber auf Grimming, Gwöhnlistein und das Gnanitztal ist grandios. Allein schon als Naturdenkmal ist das Lieglloch, das nach einem alten Bauernhof in der Nähe benannt ist, eine Wucht. Doch bemerkenswert ist es noch aus einem ganz anderen Grund.

In den 1920er Jahren haben Höhlenkundler in ihrem Boden Aufregendes zutage gefördert: Reste zweier Feuerstellen mit diversen Steinwerkzeugen, eine Nadel, eine zweilöchrige Flöte, beide aus Knochen geschnitzt. Die Funde werden dem Aurignacien, der ältesten archäologischen Kultur der Jungsteinzeit, zugeordnet. Es wird angenommen, dass der Homo sapiens damals diesen gut erreichbaren und Schutz bietenden Ort womöglich auf der Jagd nach Höhlenbären aufsuchte.

Etliche ähnliche Fundstellen mit fossilen Tierresten, Spuren von Lagerplätzen und Feuerstellen fanden sich über das Salzkammergut verstreut. Insbesondere das Tote Gebirge ist ein Paradies für Paläontologen, die an diesen Bärenhöhlen die Lebensbedingungen im Hochgebirge während der letzten Eiszeit, vor 30.000 bis 20.000 Jahren, studieren können. Die diesbezüglich größte Sensation war, was der Heimat- und Höhlenforscher Otto Körber in der Zwischenkriegszeit in der Salzofenhöhle oberhalb von Gößl ausgrub: Knochen von Höhlenlöwen und ein Vielfraß-Skelett bewiesen, dass diese auf 2.005 Metern und damit höchstgelegene eiszeitliche Siedlungsstätte Österreichs auch von Raubtieren aufgesucht wurde.

Adresse 8982 Bad Mitterndorf-Tauplitz | **ÖPNV** ÖBB Tauplitz, Postbus 950 bis Haltestelle Tauplitz Talstation Berglift; zur Höhle entweder in einer knappen Stunde zu Fuß vom Ortsteil Hollam oberhalb von Tauplitz über die Pfannerhütte aufsteigen oder von der Mittelstation der Vierer-Sesselbahn in kurzer Wanderung absteigen, beide Wege familientauglich | **Anfahrt** B 145, Abfahrt Bad Mitterndorf oder Tauplitz, bis Talstation Berglift | **Öffnungszeiten** Höhle von Spätfrühling bis Spätherbst frei zugänglich | **Tipp** In der Pfannerhütte lässt es sich wunderbar einkehren (Tauplitz 188, Tel. 03688/2324-0, www.pfannerhuette.at, sommers täglich 12–21 Uhr, winters 10.30–21 Uhr). Im Kammerhofmuseum in Bad Aussee sind zahlreiche Höhlenfunde, darunter das rekonstruierte, komplette Skelett eines Höhlenbären, zu bewundern.

97 Der Sagtümpel

Ein tiefgründiges Quellphänomen

Nordöstlich der Ortschaft Tauplitz findet sich auf knapp 1.000 Metern Seehöhe ein Quellsee der außergewöhnlichen Art. Seine idyllische Lage mitten im Wald und seine dem smaragdgrün schillernden und offensichtlich sehr tiefen Wasser geschuldete mystische Aura machen ihn zu einem lohnenden Wander- und Ausflugsziel. Nicht zufällig wurde er seit alters, wohl bereits von den Kelten, als Heiligtum verehrt. Auch rankt sich um das für Laien rätselhafte Gewässer eine Sage um einen Wassermann, der angeblich in ihm haust und neuerdings, aus Holz geschnitzt, am Ufer hockt. Zugleich handelt es sich um ein sehr seltenes geologisches Phänomen.

Erdkundler sprechen im Fall des Sagtümpels von einer vauclusischen Riesenkarstquelle, was bedeutet, dass das Wasser einer Quelle am Boden emporgedrückt wird – eine in Österreich sehr seltene Erscheinung. Der Quelltopf ist 27 Meter lang, 15 breit und liegt in stark verdichteten eiszeitlichen Sedimenten sowie Nagelfluh-Konglomeraten, die ihrerseits auf einer dünnen Schicht Dachsteinkalk lagern, in zehn Metern Tiefe. Das Einzugsgebiet umfasst sieben Quadratkilometer – die gesamte Tauplitzalm. Die Schüttung schwankt extrem, kann in Trockenperioden gerade mal fünf, bei Starkregen oder Schneeschmelze bis zu 10.000 Liter pro Sekunde betragen. Das Wasser stürzt zehn Gehminuten talabwärts als 30 Meter hoher Wasserfall dem Grimmingbach entgegen.

Noch bis in die 1950er Jahre trieb es zwei Mühlen und, ergo der Name, ein Sägewerk an. Nachdem diese stillgelegt und abgerissen worden waren, wurde der Quelltopf 1975 zwecks Trinkwasserversorgung des Ortes mit Schotter verfüllt und zubetoniert. 2016 stellte man den See, die Wasserentnahme war inzwischen längst wieder eingestellt, mittels Spezialbagger in seinem ursprünglichen Zustand wieder her. Das aufwendige Renaturierungsprojekt wurde schon im Folgejahr mit dem europäischen Höhlenschutzpreis ausgezeichnet.

Adresse Gnanitzweg, 8982 Bad Mitterndorf-Tauplitz | **ÖPNV** ÖBB Tauplitz, Postbus 950 bis Haltestelle Friedhof, von dort circa 45 Minuten zu Fuß | **Anfahrt** B 145, Abfahrt Tauplitz, im Ort auf der östlichen Ortsumfahrung den grünen Wegweisern nordostwärts folgen, auf der Forststraße Richtung Gnanitztal bzw. -alm, Parkplatz nach circa 2,5 Kilometern, von dort wenige Gehminuten zum Sagtümpel | **Öffnungszeiten** ganzjährig frei zugänglich, Schwimmen oder Tauchen aus Sicherheitsgründen untersagt | **Tipp** Keine zwei Kilometer weiter den Grimmingbach entlang, lädt das urige Gasthaus Gretlhütte zur Einkehr (Zlem 56, Tel. 0699/10621030, Do–So und Feiertage 11–22 Uhr).

98 Die Simonywarte

Prachtaussicht für einen legendären Geografen

Die erste Überraschung wartet keine zwei Gehminuten hinter dem letzten Haus: Ein russisches Kegelspiel haben da gute Geister neben dem Weg für jedermann dauerhaft zur freien Verfügung aufgestellt. Nur ein paar dutzend Höhenmeter weiter – der Pfad führt hier durch Wald schon steil bergan – wird es ernster. Eine Gedenktafel erinnert an einen Peter Neuper vulgo Paßegger, der hier, »65-jährig von einem Holzblock erfaßt, am 7. Oktober 1918 verstarb«. Bald darauf: eine zweite Tafel für einen weiteren vor Ort verunfallten Forstmann. Wieder eine halbe Stunde später, inzwischen sind auch die Konditionsstärksten ins Schwitzen gekommen, prangt über einer Rastbank in Stahlblech graviert das Konterfei eines Mannes mit Schnauzer, signiert mit »F. Simony 1813–1896«. Von hier sind es nur mehr wenige Minuten hinauf zum eigentlichen Ziel der Wanderung, der Simonywarte.

Natürlich ist die augenfällige Hauptattraktion dort oben auf dem »Planwipfel« die prächtige Aussicht auf Bad Mitterndorf, Krungl und das Hinterberger Tal. Doch auf der Holzbank unter dem Schindeldach des erstmals 1892 gezimmerten, in der Folge mehrmals erneuerten Unterstandes lässt sich auch trefflich über Werk und Wirken seines Namenspatrons sinnieren.

Der aus Nordböhmen stammende Geograf und Alpenforscher Friedrich Simony machte sich vor allem durch die Erschließung des Dachsteingebietes einen Namen. Seine zahlreichen Gipfelexpeditionen, die zunächst limnologischen Untersuchungen in diversen Salzkammergutseen, später jene auf den Gebieten der Glaziologie, Meteorologie, Geologie und Kartografie hoch droben am Berg und tief in dessen labyrinthischen Höhlen machten ihn zu Österreichs bedeutendstem Geografen des 19. Jahrhunderts. Kein Wunder, tragen eine Hütte, eine Höhle, mehrere Gipfel und Gletscher sowie Straßen in etlichen Städten und sogar ein Mineral, der Simonyit, ehrenhalber seinen Namen.

Adresse 8983 Bad Mitterndorf-Planwipfel | **ÖPNV** ÖBB Bad Mitterndorf Heilbrunn, Postbus 950 bis Haltestelle Zentrum, Startplatz knapp 200 Meter östlich des Tourismus-Infobüros an der Straßenecke beim Café S'Brezl, von dort auf dem Seitensträßchen Kochalmweg ein kleines Stück die Salza entlang, dann rechts, über einen Wiesenweg und durch den Wald bergan | **Anfahrt** B 145, Abfahrt Bad Mitterndorf | **Tipp** Anstatt auf demselben Weg zurück ins Tal zu wandern, empfiehlt sich der Abstieg ostwärts über die Ledereralm und durch die Gassnerhalt, die Tauplitzalmstraße querend, in den Ortsteil Zauchen und, vorbei an der Mautstelle, durch den Ortsteil Thörl zurück ins Zentrum (300 Höhenmeter, Gesamtdauer: circa drei Stunden, begehbar je nach Schnee- und Wetterlage Mai–Okt.).

99__Der Gasthof Neuwirth

Das Elternhaus einer Toleranzbotschafterin

Es war für Österreichs Image und Selbstverständnis ein Schlüsselereignis, als Conchita Wurst am 10. Mai 2014 beim 59. Eurovision Song Contest in Kopenhagen den ersten Platz ersang, denn der Gewinnersong »Rise Like a Phoenix« in der Interpretation des schillernden Travestiekünstlers wurde vom Gros des Publikums als eine Befreiungshymne empfunden. Die Zeit, so die Botschaft an die Welt, sei reif für eine Atmosphäre der Freiheit und Akzeptanz von Andersartigkeit. »In jeder Frau steckt auch etwas Männliches«, postulierte die Lady bei der Siegesfeier, aufwendigst gestylt und von berückender Eleganz in ihren Stilettos und dem superengen Paillettenkleid, perfekt geschminkt mit Lidschatten, Kunstwimpern, Perücke und sorgsam getrimmtem (echten) Bart. Und umgekehrt.

Erwartungsgemäß stürzten sich die Medien auf die rätselhafte Kunstfigur. Allmählich erfuhr die Weltöffentlichkeit, was heimische Pop-Fans längst wussten: Dass sich hinter der glamourösen Erscheinung ein sympathischer, eloquenter Mann verbirgt. Dass dieser Tom Neuwirth heißt, seine Bühnenpräsenz und Sangeskunst schon früh bei diversen ORF-Talentshows bewiesen hatte und – aus dem Ausseerland stammt.

Der Lokalaugenschein in seinem Mitterndorfer Elternhaus verblüfft. Und wärmt das Herz. Es ist ein Gasthof, beschaulich, bodenständig, wo man Gäste noch herzlich mit »Grüß Gott« begrüßt und mit echter Hausmannskost bekocht. Die Glitzerwelt des Showbiz wirkt galaxienweit entfernt. Nichts würde auf den prominenten Sohn – der Mama und Papa mehrmals öffentlich für sein Heranwachsen in Geborgenheit, diese »schönste Kindheit der Welt« gedankt hat – hindeuten. Wären da nicht das Riesentransparent über dem Eingang (»Wir gratulieren!«), Ehrenposter und Gedenktafel im Fenster sowie die mit Urkunden, Zeichnungen und gerahmten Zeitungsartikeln tapezierte Fan-Ecke über dem Stammtisch plus einer Vitrine voller Pokale und Memorabilien.

Adresse Zauchen 81, 8983 Bad Mitterndorf-Zauchen, Tel. 03623/3652, www.gasthof-neuwirth.at | **ÖPNV** ÖBB Bad Mitterndorf-Heilbrunn, Postbus 950 bis Haltestelle Zauchen | **Anfahrt** B 145, Abfahrt Bad Mitterndorf, vom Ortszentrum gut zwei Kilometer ostwärts in den Ortsteil Zauchen | **Öffnungszeiten** Do–Mo 11.30–14 und 17–19.30 Uhr, So ganztägig, auch nette Zimmer | **Tipp** Ein kulinarisches Souvenir und zugleich herzhafter Proviant für unterwegs gefällig? In seinem traditionsreichen Familienbetrieb stellt der Mitterndorfer Fleischhauer-Kaiser Joe Aichinger unter anderem die würzige, aus Speck, Rind- und Schweinefleisch bestehende und bei Zimmertemperatur lagerbare Conchita-Wurst-Wurst her (Bad Mitterndorf 16).

100 Die Quellen von Heilbrunn

Gesundheitsresort und GrimmingTherme

Die Anfänge reichen, wie bei so vielem auch nördlich des Alpenhauptkamms, bis in die Zeit der Römer zurück. Schon sie, die bekanntlich geradezu süchtig nach warmen Bädern waren, kannten jene heilkräftigen Wasser, die da im Herzen der Provinz Noricum, im Einzugsbereich von Salza- und Krunglbach, zutage treten. Sie betrieben vor Ort sogar eine Art Rehabilitationszentrum. Als klares Indiz dafür dient Balneohistorikern jene antike Relieftafel aus Sölker Marmor, die drei nackte Quellnymphen, jede mit einer Muschelschale in den Händen, vor einem Opferaltar zeigt und einen römischen Badetempel zierte. Sie wurde schon 1847 im nahen Grubegg gefunden und wird heute im Grazer Museum Joanneum aufbewahrt.

Dass die Erde hier, nur wenige Kilometer östlich der Wasserscheide zwischen Traun und Enns (diese verläuft zwischen Pichl und Obersdorf beim Moor Knoppenmoos), einen Gesundbrunnen birgt, blieb im Bewusstsein der örtlichen Bevölkerung über die Jahrhunderte zwar stets präsent und wurde lokal auch genutzt. Doch überregionale, auch kommerzielle Bedeutung verlieh ihm erst der Arzt und »Bader« Heinrich Lobenstock, indem er 1888 in Mitterndorf eine »Badeanstalt für Sole-, Schwefel- und Fichtennadelbäder« eröffnete. Durch die beiden Weltkriege versank Heilbrunn dann erneut in Bedeutungslosigkeit. 1945 stand an seiner Stelle bloß eine kleine Holzhütte. Erst Anfang der 1960er Jahre startete man wieder durch, spürte mit Wünschelruten neue Quellaustritte auf und baute jenes Kurbad samt Hotelhochhaus, das seither, aus Tiefenbohrungen gespeist, auf Basis der drei natürlichen Heilvorkommen Thermalwasser, Moor und Heilklima mit Erfolg ein breites Therapieangebot anbietet. In den Nullerjahren schließlich griff die öffentliche Hand tief in die Tasche und schuf, nur einen Kilometer nördlich, mit der GrimmingTherme eine zeitgemäße, großzügig gestaltete Bade- und Wellnessoase.

Adresse GrimmingTherme, Neuhofen 183, 8983 Bad Mitterndorf-Neuhofen, Tel. 03623/21010, www.grimming-therme.com; OptimaMed Gesundheitsresort, Neuhofen 108, Tel. 03623/2486-0, www.optimamed-badmitterndorf.at | ÖPNV ÖBB Bad Mitterndorf-Heilbrunn, Ortsbus bis Haltestelle GrimmingTherme | Anfahrt B 145, Abfahrt Bad Mitterndorf, Richtung Neuhofen/Salza-Stausee | Öffnungszeiten Therme: täglich 8–22 Uhr; Resort: nur als Kurgast zugänglich | Tipp Eine stimmungsvolle, gut einstündige Wanderung führt weitgehend eben mit ein paar wenigen Anstiegen im Wald von der Bad Mitterndorfer Tennishalle über Neuhofen-Ost bis zum Krunglbach und nach Bad Heilbrunn; retour geht es entlang der Salza und über Neuhofen-West.

101_Der Barfußpark

Mit bloßen Sohlen die Natur ertasten

Wer barfuß geht, den drücken keine Schuhe. Auch kann niemand einem etwas in selbige schieben. Und die Maxime, »im Herzen barfuß« zu leben, hat es jüngst sogar zum Bestseller-Buchtitel gebracht.

Man muss nicht tief in der Zitatentruhe wühlen, auch nicht die Barfüßigkeit mit Verweis auf die Fußwaschung Jesu oder die Schuhlosigkeit seiner wanderpredigenden Jünger als spirituelle Haltung preisen. Und auch Warnungen esoterischer Gesundheitsapostel vor dem modernen Schuh als »gefährlichster Erfindung der Welt«, dessen Kunststoffsohlen isolieren und krank machen, braucht es nicht. Oder gar Appelle, Earthing, »Heilendes Erden«, zu praktizieren, bei dem man bloßen Fußes Mutter Erdes Energie in Form freier Elektronen in den Körper aufnimmt und so selbst starke Entzündungen binnen Minuten zum Verschwinden bringt. Die Botschaft überzeugt auch in ihrer simpelsten Form: Hin und wieder in freier Natur barfuß zu laufen fördert das Wohlbefinden. Es löst Verspannungen, stärkt Muskulatur und Gleichgewichtssinn. Obendrein kostet es rein gar nichts.

Das dachte man auch in Bad Mitterndorf und errichtete am südlichen Ortsrand, passenderweise direkt neben der GrimmingTherme, die ja ebenfalls dem Heilen und Mehren von Wohlgefühl dient (siehe Ort 100), einen Barfußpark. Er führt rund einen Kilometer lang über eine Wiese und später, einem Wasserlauf folgend, einen Waldrand entlang und umfasst 20 abwechslungsreiche Stationen. In vollen Zügen frische Luft und Stille tankend, kann man hier wachen Sinnes der belebenden Wirkung unterschiedlicher Bodenbeläge nachspüren – dem Piksen und Prickeln und Kribbeln an Fußballen, Ferse und Zeh, während man sorgsamen Schrittes über Marmorsplit und Lavakies, Flusskiesel, Hackschnitzel und Tannenzapfen wandelt und auf Baumstämmen, Holzwippen und -knüppel balanciert. Zwischendurch können sich die Sohlen auf Waldboden oder grasigem Untergrund erholen.

Adresse 8983 Bad Mitterndorf-Neuhofen, Tel. 03623/3946 bzw. Tel. 0699/12338065, www.barfusspark.at | **ÖPNV** ÖBB Bad Mitterndorf-Heilbrunn, Ortsbus bis Haltestelle GrimmingTherme, Barfußpark 100 Meter südlich links der Straße | **Anfahrt** B 145, Abfahrt Bad Mitterndorf, Richtung Neuhofen/Salza-Stausee | **Öffnungszeiten** Zutritt Mai–Okt. ganztägig frei, kleine Spende erbeten | **Tipp** Am Start- beziehungsweise Zielpunkt des Wohlfühl-Parcours warten ein Baumlehrpfad und ein keltischer Baumkreis, ein Kräutergarten, ein Biotop und ein Schau-Bienenstock. Auch eine Kneipp-Anlage ist in das Areal integriert. Zuletzt kann man seine Füße mit 30 Grad warmem Wasser waschen.

102 Der Skulpturenpark

Ferdinand Böhmes Meditationen in Marmor

Corpus Christi, Lucifer, Eva, Maria, Geburtsakt, Trilogie des Todes … Schon die Werktitel auf der Übersichtstafel am Eingang lassen kaum Zweifel: Da rührt einer ans Wesentliche. Kunstmoden? Kompromisse? Kommerzielles Kalkül? Fehlanzeige! Hier geht es fern allen Zeitgeistes mit archaischer Wucht zur Sache. Spaziert man hernach durch den Skulpturenpark, den Ferdinand Böhme da entlang eines sumpfigen Bachufers gestaltet hat, bestätigt sich die Erwartung: Die gut zwei Dutzend Arbeiten des Bildhauers, mehrheitlich könnerhaft aus Marmor gemeißelt und, jede für sich, in einem »grünen Raum« aus dichtem Buschwerk aufgestellt, verströmen einen kraftvollen und zugleich herrlich unzeitgemäßen Spirit.

Von Kraft strotzt auch ihr Schöpfer, der den Park dem Gedenken an seinen Vater, Eike Böhme, gewidmet und sich Atelier und Domizil nur einen Steinwurf entfernt, im ehemaligen Gutshof von Schloss Grubegg, eingerichtet hat. In Österreichs Gegenwartskunst, meint er, sei die Bildhauerei weitgehend tot, werde an den Hochschulen nachlässig behandelt und auch kaum mehr gesammelt. Wohl weil sie handwerklich schwierig sei, auch viel Raum und Startkapital erfordere.

Er jedoch, der auf seinem idyllischen Anwesen lange Jahre »Stoaklopfer«-Sommerkurse veranstaltete und inzwischen auch viel in Bronze und mit Altmetall arbeitet, bereut den Entschluss zur lebenslangen Hingabe an die Bildhauerei nicht. Im Gegenteil: Obwohl nie von einer Galerie vertreten oder in den akademischen Lehrbetrieb eingebunden, sicherten ihm private Auftraggeber stets ein gutes Auskommen. Und viel wichtiger: Etwas zu schaffen, das über Jahrhunderte Bestand hat und dabei noch an Schönheit gewinnt, ist sehr befriedigend. »Die meisten Männer von heute«, fügt der Künstler mitleidig an, »leben ja von der Dienstleistung, können keine handfesten Ergebnisse ihrer Arbeit, am Ende des Tages kein Werk vorweisen.«

Adresse Neuhofen 30, 8983 Bad Mitterndorf-Neuhofen | **ÖPNV** ÖBB Bad Mitterndorf-Heilbrunn, Ortsbus bis Haltestelle GrimmingTherme | **Anfahrt** vom Zentrum Bad Mitterndorf Richtung Salza-Stausee, unmittelbar nach der GrimmingTherme, beim Barfußpark, parken, von dort auf der Nebenstraße westwärts circa 700 Meter zu Fuß | **Öffnungszeiten** ganzjährig 24/7 frei zugänglich, www.ferdinandboehme.com (Böhmes Privatadresse für Unangekündigte off limits) | **Tipp** Das von Böhme 2013 ins Leben gerufene E.I.K.E.-Forum belebt im Ortszentrum im eigens dafür revitalisierten Woferlstall mit circa 45 Veranstaltungen, Lesungen, Konzerten, Diskussionen, Märkten pro Jahr das Mitterndorfer Kulturleben nachhaltig (www.eike-forum.at).

103__Der Salza-Stausee

Ein steirischer Fjord als Naturidyll

Der Ausflug empfiehlt sich für Wanderer und Wasserratten gleichermaßen. Denn eine Bootspartie samt erfrischendem Bad lässt sich dabei ideal mit einer Runde durch herrlichen Hochwald kombinieren. Zudem erwartet Naturliebhaber ein Landschaftsidyll der wildromantischen Art. Und dies, obgleich es sich maßgeblich einem massiven Eingriff durch Menschenhand verdankt.

Als die Steirische Wasserkraft- und Elektrizitäts-AG 1947 den Salzabach auf halbem Weg vom Hinterberger Tal ins Ennstal zwecks Stromgewinnung staute, entstand dort, in dem Durchbruchstal zwischen Grimming und Kemetgebirge, ein an norwegische Fjorde gemahnender See. Er ist über fünf Kilometer lang und wird gegen Süden hin von gewaltigen Felswänden gesäumt. An seinem nördlichen Ende, wo die Salza etliche kleinere Wasserläufe aufnimmt, erstreckt sich ein ökologisch kostbares Feuchtbiotop. Ganz in seiner Nähe kann man stundenweise Tret- und Ruderboote, Kanus und Stehpaddel ausleihen, um damit bis fast an die über 50 Meter hohe Staumauer zu schippern.

Das Sträßchen entlang des Westufers, das früher über den Pass Stein bis ins Ennstal führte, wurde 2003 wegen Felssturz- und Steinschlaggefahr gesperrt. 1,5 Kilometer weit ist es für Spaziergänger begehbar. Reizvoller jedoch, aber auch schweißtreibender ist die Wanderung an seinem Ostufer über den Waldsteig. Dieser führt zunächst weitgehend eben am Wasser entlang, hernach in kurzem, aber knackig steilem Aufstieg über Serpentinen auf den Scheitelpunkt. Der Lohn für die Mühe ist ein toller Blick gen Westen auf die schroffen Zacken der Kammspitze (2.139 Meter), ehe man in weiter Schleife durch prächtigen Mischwald wieder hinabsteigt und auf flachem Forstweg zum Ausgangspunkt zurückkehrt. Als wär's der Kurzweil nicht genug, ist der Steig zudem als Naturlehrpfad gestaltet, der in zehn Stationen Wissenswertes zu Fauna, Flora und der Sagenwelt der Region vermittelt.

Adresse 8983 Bad Mitterndorf-Neuhofen | **ÖPNV** ÖBB Bad Mitterndorf-Heilbrunn, Ortsbus bis Haltestelle GrimmingTherme | **Anfahrt** von Bad Mitterndorf südwärts Richtung Bad Heilbrunn, circa 1,5 Kilometer nach der Therme nahe dem Abzweig zum OptimaMed Gesundheitsresort rechts parken, von dort 100 Meter zu Fuß über die Brücke zum Start des Waldsteigs; auf der Pass-Stein-Straße fünf Gehminuten zum Bootsverleih | **Öffnungszeiten** Bootsverleih Anfang Juni–Mitte Sept. bei Schönwetter Mo–Fr ab 13 Uhr, Sa, So, Feiertage ab 10 Uhr, Tel. 0664/2076663; Zillen-Schifffahrt: Rundfahrten Mi 10 Uhr und Sa 14 Uhr, Tel. 0664/1302370; Waldsteig etwa Mai–Ende Okt. begehbar, Dauer: 1,5–zwei Stunden, Länge: 3,8 Kilometer | **Tipp** Unterhalb der Staumauer stürzt die Salza als fotogener Wasserfall ihrer Mündung in die Enns entgegen; Zufahrt zum Aussichtspunkt von St. Martin am Grimming.

104 Das Gräberfeld

Eine Fundgrube frühmittelalterlicher Schätze

Zugegeben, das Gros der Funde wird nicht im Ausseerland, sondern im Joanneum in Graz aufbewahrt. Und zugegeben, in Krungl selbst haben die Archäologen ihre Grabungsfenster längst wieder geschlossen, gibt es nichts Einschlägiges zu sehen. Andererseits überragt das hiesige Gräberfeld in seiner wissenschaftlichen Bedeutung all die übrigen aus dem Frühmittelalter, die man in der Region, vor allem im nahen Ennstal, gefunden hat. Und einen Zwischenstopp lohnt das auf halbem Weg zwischen Tauplitz und Bad Mitterndorf gelegene, malerisch von Wiesen umrahmte Naturdorf allemal.

Als die örtlichen Bauern in den 1870er Jahren beim Kelleraushub ihrer neuen Häuser – die alten hatte ein Großbrand zerstört – auf erste menschliche Skelette stießen, war die Aufregung groß. »Ein Heidenfriedhof im steirischen Kammergute«, titelte etwa das »Grazer Volksblatt« 1896 nach der ersten systematischen Erforschung. In der Folge zeigte sich, dass man auf den im Ostalpenraum seltenen Fall eines von Mitte des 8. bis Anfang des 10. Jahrhunderts kontinuierlich besiedelten Gräberfeldes gestoßen war. Doch wer waren die Bestatteten? Slawen? Bajuwaren? Vermutlich sowohl als auch. Es war die Zeit eines Nebeneinanders beider Volksgruppen. Anfangs standen sie noch unter awarischem, später unter bayrisch-christlichem Einfluss. Das Gebiet rund um den Grimming war vermutlich slawisch geprägt und eng mit dem Herzogtum Karantanien verbunden und die Bevölkerung mit der Bewachung und Sicherung des Salzweges aus dem Ausseer Becken Richtung Süden beschäftigt.

Nachgewiesen hat man in Krungl, dessen Name sich aus dem Slawischen »krongl« für »rund« ableitet, bis dato an die 300 Gräber. Was man hingegen nicht fand, sind Indizien für eine Kirche. Auch die zugehörige Siedlung ist bis jetzt nicht aufgetaucht. Der naheliegende Grund: Wahrscheinlich stehen die modernen Häuser des Dorfes exakt auf deren Fundamentresten.

Adresse unmittelbar südlich der B 145, gut ein Kilometer westlich der Skiflugschanze am Kulm, 8983 Bad Mitterndorf-Krungl | ÖPNV ÖBB Bad Mitterndorf, Postbus 950 bis Haltestelle Krungl Bundesstraße | Anfahrt B 145, Abfahrt Krungl | Tipp Einige Schädel- und andere Knochenteile sowie metallene Fibeln und ein Eisenmesser aus den Gräbern von Krungl kann man im benachbarten Bad Mitterndorf in einer Vitrine der heimatkundlichen Sammlung Strick (siehe Foto und Ort 95) bewundern. Und auch auf Schloss Trautenfels werden hin und wieder Fundstücke ausgestellt.

105 Die Skiflugschanze

Der Kulm – ein Ort für Überflieger

Der Wunsch, es den Vögeln gleichzutun, scheint den Mitterndorfern in die Wiege gelegt. In der Ortschronik stößt man schon in einem Eintrag von 1912 auf den Hinweis, »nur 20 Minuten vom Ortsmittelpunkte«, gemeint war auf dem Poser im Ortsteil Zauchen, seien zwei Skisprungschanzen aufgeführt, »von denen eine Sprünge bis zu 40 Metern zuläßt«. Erst zwei Jahrzehnte zuvor hatten die Norweger auf dem Osloer Holmenkollen die erste Sprunganlage der Welt überhaupt errichtet. Nachdem man dann in den 1930er Jahren an Orten wie Vikersund, Planica, Oberstdorf oder Bischofshofen größere Schanzen gebaut und die Salzburger Skisprung-Legende Sepp »Bubi« Bradl 1936 als Erster die 100-Meter-Schallmauer durchbrochen hatte, wurden die örtlichen Flugenthusiasten aktiv. Unmittelbar nach dem Weltkriegsende begannen sie mit ersten Sondierungen, 1949 mit dem Bau. Und schon 1950 fand »am Kulm« vor mehr als 10.000 Zuschauern die erste Sprungkonkurrenz statt.

Der Name »Kulm« ist keltischen Ursprungs und bedeutet »vorgelagerter Berg« – gemeint ist seine Lage in Bezug auf den Grimming. Unter Sportsfreunden ist die steile, bewaldete Kuppe Synonym für Sportereignisse von Weltrang und spektakuläre Weitenrekorde. Bis zu seinem bislang letzten Umbau, als man im Hinblick auf die Skiflug-WM 2016 den Schanzentisch künstlich anhob, war der Kulm die größte Naturschanze der Welt. Ihr kritischer Punkt, wo der konvex gekrümmte Schanzentisch in den konkaven Auslauf übergeht, liegt bei 200 Metern. Beim ersten Wettbewerb hatte die Bestmarke noch 103 Meter betragen. Inzwischen steht der Schanzenrekord bei 244 Metern, aufgestellt 2016 von dem Slowenen Peter Prevc. Die Siegerliste liest sich wie ein Who's who der internationalen Springerelite, von Ahonen, Hannawald und Freund bis zu den Assen der rot-weiß-roten »Adler«, einem Goldberger, Schlierenzauer, Kraft, nicht zu vergessen Lokalmatador Hubert Neuper.

Adresse Furt bzw. Kulmkogel bei Klachau, 8982 Bad Mitterndorf-Klachau, Tel. 03688/2446, www.wirsindkulm.at | **ÖPNV** ÖBB Tauplitz, Postbus 950 bis Haltestelle Tauplitz Kothmühle | **Anfahrt** B 145, Abfahrt Kulm | **Tipp** Eine gediegene Adresse zum Schmausen und auch Übernachten ist sommers wie winters das Wander- und Landhotel Kanzler im Nachbarort Krungl (Tel. 03623/2260, www.landhotel-kanzler.at).

106 Das Nikolomuseum

Lebendiges Brauchtum mit moralischem Mehrwert

Anderswo im Salzkammergut mögen Anfang Dezember die Krampusse laufen, mag man altes Brauchtum fidel neu interpretieren. Im Ausseerland indes, genauer: in den drei Hauptorten Tauplitz, Bad Mitterndorf und Pichl-Kainisch des Hinterberger Tales, führt man am Abend des 5. Dezember traditionell das Nikolospiel in seit Generationen unveränderter Form auf. Seine Entstehung geht bis in die Zeit der katholischen Gegenreformation zurück, was den überdeutlichen Willen zur rigiden Disziplinierung und sittlichen Belehrung erklärt.

Zentrale Gestalten in Tauplitz sind der – hier originellerweise berittene – heilige Nikolaus, begleitet vom gabentragenden Bartl, der Höllenfürst Luzifer, Eheteufel, Pfarrer, Krampusse, Schmiede, die herumalbernde Habergoaß … Und ein Bettelmann, der, ganz verstockter Sünder, zur drastischen Warnung vom Tod enthauptet wird. Unschwer ist das uralte Personal – Dämonen, Perchten, salige Frauen – des durch die Kirche umgedeuteten vorchristlichen Sagen- und Glaubensgutes zu erkennen.

Die Tauplitzer pflegen ihr Nikolospiel jeweils zweimal zum Besten zu geben: in der Stube des Gasthof Moser unten beim Bahnhof und oben im Ort, auf dem Dorfplatz im Freien vor vielhundertköpfigem Publikum. Als Spielleiter fungiert der Gruber Roman. In dessen Gasthaus, dem Thomahof, wo man, ebenfalls unten an der alten Salzstraße im Ortsteil Klachau, seit mehr als 500 Jahren schon Durchreisende verköstigt, legen auch die Teilnehmer traditionell ihre Kostüme an. Und unterm Dach dieser vermutlich ältesten Wirtschaft der Region ist das Tauplitzer Nikolomuseum untergebracht. Mit verständlichem Stolz führt Roman als Gastgeber durch die Sammlung. An die 100 Krampusmasken zieren die Wände, die alten aus Fell, die neueren, überwiegend von seinem Vater Alfred, dem Museumsgründer, aus Zirben- oder Lindenholz geschnitzt. Dazu hat man einige Spielfiguren in Lebensgröße aufgebaut.

Adresse Klachau 22, 8982 Bad Mitterndorf-Klachau, Tel. 03688/2110, www.gasthof-thomahof.at | **ÖPNV** Tauplitz, Postbus 950 bis Haltestelle Klachau Feuerwehr | **Anfahrt** B 145, Abfahrt Tauplitz-Klachau | **Öffnungszeiten** Gasthof mit historischen Stuben: So–Do, in den Schulferien auch Fr 10.30–15 und 17–22 Uhr; Nikolomuseum: zu denselben Zeiten nach Voranmeldung; Nikolospiel: am 5. Dezember bei jedem Wetter und freiem Eintritt; Spiel in der Stube: Beginn um 18 Uhr im Gasthof Moser, Dauer: knapp 60 Minuten, danach Umzug hinauf ins Dorf, dort ab 19.30 Uhr Spiel am Platz | **Tipp** Eine attraktive Rundstrecke für Mountainbiker führt von der Klachau grimmingabwärts nach Trautenfels, weiter durch das Ennstal, an Stainach vorbei nach Wörschach, dann hinauf zum Rastplatz am Spechtensee, nach Wörschachwald und von dort in weitem Bogen wieder hinab in die Klachau (31 Kilometer, Höhendifferenz 514 Meter, Dauer: vier Stunden).

107__Der Steirersee

Ein Naturjuwel als Wanderziel

Die Tauplitzalm ist nicht nur ein außergewöhnlich schönes Wander- und Skigebiet, das einem mit seiner Rundumsicht auf Aberhunderte Gipfel, vom Toten Gebirge und Warscheneck über Grimming und Dachstein bis zu den Niederen Tauern, schier den Kopf verdreht. Sie weist auch einen geologisch bemerkenswerten Superlativ auf, ist nämlich Mitteleuropas höchstes Seenplateau. Sechs Karseen liegen hier auf durchschnittlich 1.600 Metern Seehöhe in westöstlicher Richtung wie Perlen an einer Kette aufgereiht. Ihnen vom Krallersee oberhalb des Parkplatzes (die Alm ist weitgehend autofrei!) über Groß-, Märchen- und Tauplitzsee bis hinüber zum Schwarzensee die Parade abzunehmen, zählt zu den lohnendsten nicht alpinen Wanderungen in der Region. Zumal im Frühsommer, wenn die blühenden Alpenblumen die Alm in ein Farbenmeer tauchen, oder im Herbst mit den goldgelb entflammten Lärchenwäldern vor Augen.

Das mit einer Wasserfläche von 12,5 Hektar größte dieser Stehgewässer und besonders malerisch ist Richtung Osten gesehen die Nummer fünf in der Reihe: der Steirersee. Auch bei ihm handelt es sich um einen Karsee, das heißt, die Mulde, in die geschmiegt er dem Betrachter smaragdgrün entgegenleuchtet, wurde in ungleich kälteren Erdzeitaltern als dem heutigen von einem kurzen Gletscher ausgeschürft.

Umwandern kann man dieses Naturjuwel natürlich auch. Die vier Kilometer lange Runde führt nördlicherseits zu Füßen des Sturzhahn (2.028 Meter) durch eher steiles und steiniges, entlang des übrigen Ufers, unterhalb des Mitterbergs (1.711 Meter), über vergleichsweise flaches, kiesig-sandiges Gelände.

Im Steirersee zu schwimmen ist definitiv nichts für Warmduscher. Von unterirdischen Quellen gespeist und bis zu 30 Meter tief, erreicht sein Wasser, das wie das seiner fünf Brüder Trinkqualität aufweist, selbst in Hitzeperioden kaum die Badetemperatur von 20 Grad.

Adresse 8982 Bad Mitterndorf-Tauplitzalm | Anfahrt von Tauplitz mit der Sesselbahn, Betriebszeiten: Ende Juni – Mitte Sept. und Ende Nov.–Mitte April (www.dietauplitz.com); alternativ: mit dem eigenen Fahrzeug (oder Bus 8610 bis Endstation Hollhaus) auf der mautpflichtigen Alpenstraße (www.alpenstrasse.at), von dort circa einstündige, einfache Wanderung | Öffnungszeiten Trawenghütte Anfang Juni – Mitte Okt. täglich außer Mi, Tel. 0664/6323668 | Tipp Eine sehr schöne, mittelschwere Wanderung führt vom Steirersee weiter ostwärts, am Schwarzensee vorbei, auf die Leistalm (1.647 Meter), wo man sich in der »Wia dahoam Hittn« labt (Tel. 0664/9207730).

108_Die Bergkirche

Der gläserne Farbenrausch des Alfred Wickenburg

Nein, stilistisch passt sie wirklich nicht zur landesüblichen rustikalen holzgeschnitzten Architektur. Auch zu der sie umgebenden Landschaft, den rundlichen, von Lärchen und Latschen bedeckten Kalkkuppen, setzt sie mit ihrem ultraspitzen schindelgedeckten Turmdach einen krassen Kontrapunkt.

Die kleine Bergkirche auf der Tauplitzalm ist eben ein typisches Kind ihrer Zeit. Anfang der 1960er Jahre auf Initiative der katholischen Jugend erbaut, verkörpert sie in ihrer schnörkellosen Schlichtheit den innerkirchlichen Aufbruchsgeist des Zweiten Vatikanischen Konzils. Den zeltförmigen Entwurf des steirischen Architekten Kurt Weber-Mzell hat man als Erinnerung an die Grundbedingung der menschlichen Existenz gedeutet – das irdische Dasein zugebracht in einem Zelt als Zwischenstation auf der Durchreise zum dereinst ewigen Leben im Himmelreich.

Die Idee des Interimistischen kommt auch im Kircheninneren zum Ausdruck: Es gibt weder Tabernakel noch Taufbecken, weder Lesepult (Ambo) noch Priestersitz (Sessio), dafür draußen an der Nordseite einen überdachten Steinblock als Altar für Open-Air-Gottesdienste. Der Bau ist nicht für regelmäßigen Messbetrieb, vielmehr als Rückzugsort für auf der »Alm« logierende Urlauber gedacht.

Blickfang in dem luftigen, überwiegend mit Holz ausgestalteten Raum ist das prachtvolle, die gesamte Altarfront bedeckende Fenster. Der Maler und Grafiker Alfred Wickenburg, seines Zeichens als Mitbegründer der Grazer Sezession eine führende Gestalt der Moderne in der Steiermark und nach dem Krieg hochgeehrt und international renommiert, hat es im Alter von 78 Jahren geschaffen. Es ist aus Glasbeton, also aus sich selbst statisch tragend, und hat die Heilige Dreifaltigkeit, der die Kirche geweiht ist, zum Thema. Seine kraftvoll leuchtenden Farben changieren, sinnbildlich für die Auferstehung Christi, von unten nach oben von dunkel zu hell.

Adresse 8982 Bad Mitterndorf-Tauplitzalm | **Anfahrt** von Tauplitz mit der Sesselbahn, Betriebszeiten: Ende Juni–Mitte Sept. und Ende Nov.–Mitte April (www.dietauplitz.com); alternativ: mit dem eigenen Fahrzeug (oder Bus 8610 bis Endstation Hollhaus) auf der mautpflichtigen Alpenstraße (www.alpenstrasse.at), von dort circa einstündige, einfache Wanderung, Bergkirche nahe der Südkante des Tauplitzalm-Plateaus, keine 150 Meter östlich der Bergstation der Sesselbahn »Tauplitz 2« | **Öffnungszeiten** ganzjährig tagsüber frei zugänglich, Kontakt: Michael Unger, Tel. 03623/2228 | **Tipp** Einkehren kann man unmittelbar nebenan in den Zirbenstuben oder auf der Sonnenterrasse des Sport- und Wanderhotels Kirchenwirt (Tauplitzalm 26, Tel. 03688/2306, www.sporthotel-kirchenwirt.at).

109 Die Heinrich-Harrer-Stube

Wo der Freund des Dalai-Lama Hüttenwirt war

Im ersten Moment traut man seinen Augen nicht: Da kehrt man nach einer Tour durch die Bergwelt der Tauplitz in der Grazerhütte ein und trifft auf eine denkbar typische Almwirtschaft – kaum verändert seit ihrer Errichtung in den späten 1920er Jahren mit den holzgetäfelten Zimmerchen und Matratzenlagern, dem Schweinsbraten, Speck- und Steirerkasbrot auf der Speisekarte. Doch im Hinterzimmer des urigen Gastbereiches wartet, in einer Ecke quer über die Resopaltische gespannt, eine tibetische Gebetsfahne, klassisch in den Farben Blau, Weiß, Rot, Grün, Gelb, mit Gebeten und Mantras bedruckt.

Das Rätsel um den überraschenden Friedensgruß aus dem Himalaya löst eine Tafel draußen auf der Sonnenterrasse: »Hier wirkte Professor Heinrich Harrer in den Jahren 1931/32 als Hüttenwart, Schilehrer und Pionier des Bergsteigens«. Jetzt versteht man die Memorabilien drinnen in der Stube: die Bücher, Zeitungsausschnitte und Expeditionsfotos an der Wand und auch jene Bildsequenz des schon weißhaarigen Herrn mit seinem Freund, dem Dalai-Lama.

Zur Gedächtnisauffrischung: »Heini« Harrer war jene schneidige Sportskanone aus Kärnten, die in der Zwischenkriegszeit beim Skifahren, Klettern und Golfen internationale Erfolge feierte und 1938 als Erster die Eiger-Nordwand durchstieg. 1939, bei Kriegsausbruch, wurde er in Indien als Teilnehmer der deutschen Nanga-Parbat-Expedition interniert, 1944 floh er nach Tibet und schloss dort enge Freundschaft mit dem Dalai-Lama. Ihre Memoiren »Sieben Jahre in Tibet« wurden zum später von Hollywood verfilmten Weltbestseller. Hier, auf der Tauplitzalm, hat er mit 19 seine ersten Brötchen verdient und an den felsigen Senkrechten des nahen Sturzhahn (2.028 Meter) für spätere Gipfelstürme trainiert. Und hierher ist er, was seine Verbundenheit mit dem Ort beweist, im hohen Alter immer wieder, unter anderem zum Feiern runder Geburtstage, gern zurückgekehrt.

Adresse Tauplitzalm 34, 8982 Bad Mitterndorf-Tauplitzalm, Tel. 0664/3579546, www.grazerhuette.at | Anfahrt von Tauplitz mit der Sesselbahn, Betriebszeiten: Ende Juni – Mitte Sept. und Ende Nov. – Mitte April (www.dietauplitz.com); alternativ: mit dem eigenen Fahrzeug (oder Bus 8610 bis Endstation Hollhaus) auf der mautpflichtigen Alpenstraße (www.alpenstrasse.at), Grazerhütte auf dem Plateauweg vom Parkplatz in 45 Minuten, von der Sesselbahn-Bergstation in 20 Gehminuten bequem erreichbar | Öffnungszeiten Ende Mai – Ende Okt und Mitte Dez. – Ostern | Tipp Wer sich näher für Harrers Leben und Werk interessiert, sollte das ihm gewidmete Museum in seinem Geburtsort in Hüttenberg in Kärnten besuchen. Dort bietet außerdem das vom Dalai-Lama initiierte »Institut für Höhere Tibetische Studien« einschlägige Vorträge, Seminare und Lehrgänge zu buddhistischen Themen an (www.tibetcenter.at).

110 Die Tauplitzer Almhütten

Relikte einer harten Arbeitswelt

Wo auch immer man im Steirischen Salzkammergut aus dem Tal hinauf Richtung Berggipfel steigt, gelangt man früher oder später auf eine Alm. Welcher Wanderer freut sich nicht auf die hier häufig noch von stoisch mampfendem Vieh bevölkerten grünen Wiesenmatten? Suggeriert doch solch malerische Kulisse, in der auch ein paar simple, aus wettergegerbten Brettern gezimmerte und mit Schindeln gedeckte Hütten nicht fehlen dürfen, man bewege sich durch eine Kulisse von zeitloser Idylle.

Die älpische Anmut sei unbestritten. Doch sollte man darüber den harschen sozialen Hintergrund ihrer Entstehung nicht vergessen. Begonnen hat die Almwirtschaft um das Jahr 1300, weil das rapide Bevölkerungswachstum und die flächenraubende Art, unten im Tal die Felder zu bestellen, die Menschen in höhere Regionen zwangen. Im Frühsommer trieb man das Vieh zunächst auf die Niederalm (bis 1.000 Meter) und später auf die Hochalm. Im Ausseerland waren die Almberechtigten hauptberuflich in der Saline tätige »Arbeiterbauern«, im Raum Mitterndorf hingegen Vollerwerbsbauern.

Bauern und Keuschler errichteten zunächst für jede Funktion – Feuerstelle, Milchkammer, Stall – eigene kleine Hütten. Ab dem 18. Jahrhundert bildeten sich dann zwei Grundtypen heraus: zweigeschossige »Hohe Hütten« mit dem Stall zu ebener Erde und Wohn-, Schlaf-, Vorrats- und Feuerraum im ersten Stock sowie die »Niederen«, die alle Funktionen auf einer einzigen Ebene vereinten.

Weshalb hier speziell die Tauplitzer Almhütten vor den Vorhang geholt werden? Wo doch die meisten von ihnen längst an Feriengäste vermietet sind? Weil sie uns hier oben sowohl in ihrer Vielzahl und räumlich breiten Streuung als auch in ihrer ursprünglicher Funktion und dem heutigen Erhaltungszustand, so dieser nicht für touristische Zwecke mit Panoramadachfenstern, Fußbodenheizung oder Satellitenschüssel allzu krass verfremdet wurde, exemplarisch scheinen.

Adresse 8982 Bad Mitterndorf-Tauplitzalm, Tel. 0664/3579546, www.grazerhuette.at | **Anfahrt** von Tauplitz mit der Sesselbahn, Betriebszeiten: Ende Juni–Mitte Sept. und Ende Nov.–Mitte April (www.dietauplitz.com); alternativ: mit dem eigenen Fahrzeug (oder Bus 8610 bis Endstation Hollhaus) auf der mautpflichtigen Alpenstraße (www.alpenstrasse.at) | **Öffnungszeiten** Infos zur Vermietung der Almhütten an Feriengäste unter Tel. 03688/2446 oder www.dietauplitz.com | **Tipp** Die auch winters weitgehend autofreie Tauplitzalm bietet im Verbund mit den drei Bergen Mitterstein, Lawinenstein und Schneiderkogel 43 Pistenkilometer, dazu eines der längsten Loipennetze Österreichs, präparierte Winterwanderwege, eine Nachtrodelbahn und manches mehr.

111 Der Grimming

Ein Koloss mit Charakter

Mächtiger kann ein einzelner Berg wohl kaum eine Tallandschaft dominieren. Nähert man sich dem Ausseerland von Osten kommend durch das Ennstal, sieht man beim Abzweig in Stainach-Irdning den Grimming rechts vorn vor sich aufragen: ein Gebirgsstock, neun Kilometer lang, vier Kilometer breit, zerschrundet und isoliert – wahrlich ein Bild von einem Berg, wie er da vom Talboden unvermittelt 1.700 Meter hoch ansteigt. Folgerichtig hielten die Steirer diesen Monolithen, ehe die Topografie seine exakte Vermessung erlaubte, für den Mons Styriae altissimus, also den höchsten Berg ihrer Heimat. Doch der Eindruck trügt. In Wahrheit misst er »nur« 2.351 Meter, wird von der Hochwildstelle als höchstem Gipfel des Landes um fast 400 und vom Hohen Dachstein, den sich das Land allerdings mit Oberösterreich teilt, um fast 650 Meter überragt.

Man kann den Grimming aus verschiedenen Blickwinkeln betrachten: geologisch – er besteht aus Dachsteinkalk und gilt deshalb auch als Teil des Dachsteingebirges – und alpinistisch – die Besteigung seines Hauptgipfels, speziell über den Südostgrat, ist ziemlich anspruchsvoll. Seine einzige bewirtschaftete Hütte liegt nur eine Gehstunde über dem Tal. Doch in einem Kar nahe dem Gipfel existiert als Notunterkunft eine Biwakschachtel.

Und auch mythengeschichtlich gibt der Riese, dessen Name auf das Slowenische »grmeti« (donnern, dröhnen) zurückgeht, viel her. Zahllose Erzählungen und Volkssagen von verborgenen Schätzen, ermordeten Hirten, Jägern und natürlich auch sündigen Sennerinnen ranken sich um ihn. Sieht man den Grimming prosaischer als Wahrzeichen des östlichen Ausseerlandes und Wegmarke, lässt er sich, ähnlich dem Loser, der Richtung Nordwesten abreisenden Feriengästen mit seiner Felshaube bis zur Pötschenhöhe sichtbar salutiert, als einprägsamer Abschiedsgruß verstehen. Oder auch als Verheißung eines baldigen Wiedersehens.

Adresse 8982 Bad Mitterndorf-Tauplitz bzw. 8951 Untergrimming-Pürgg | ÖPNV ÖBB Tauplitz oder Stainach-Irdning, Postbus 950 bis Haltestelle Untergrimming, oder an der Südseite Postbus 900 bis Haltestellen Niederstuttern bzw. St. Martin; Aufstiegsrouten: von Südosten von Trautenfels durch die Schneegrube, von Kulm im Nordwesten hinter der Skiflugschanze durch das Gipfelkar oder von Niederstuttern auf die Grimminghütte und von dort a) über den Südostgrat, b) rechts über Kasten und Multereck oder c) am ausgesetztesten, auf dem Schneegrubengrat | Anfahrt B 320 durch das Ennstal, ab Trautenfels B 145 | Tipp Immer einen Besuch wert ist das am östlichen Fuß des Grimming über dem Ennstal thronende Schloss Trautenfels. Als Außenstelle des Grazer Museum Joanneum beherbergt dieses Baujuwel eine Dauerausstellung zur Natur- und Kulturgeschichte der Region und zudem regelmäßig interessante Wechselausstellungen (Pürgg, Trautenfels 1, www.museum-joanneum.at).

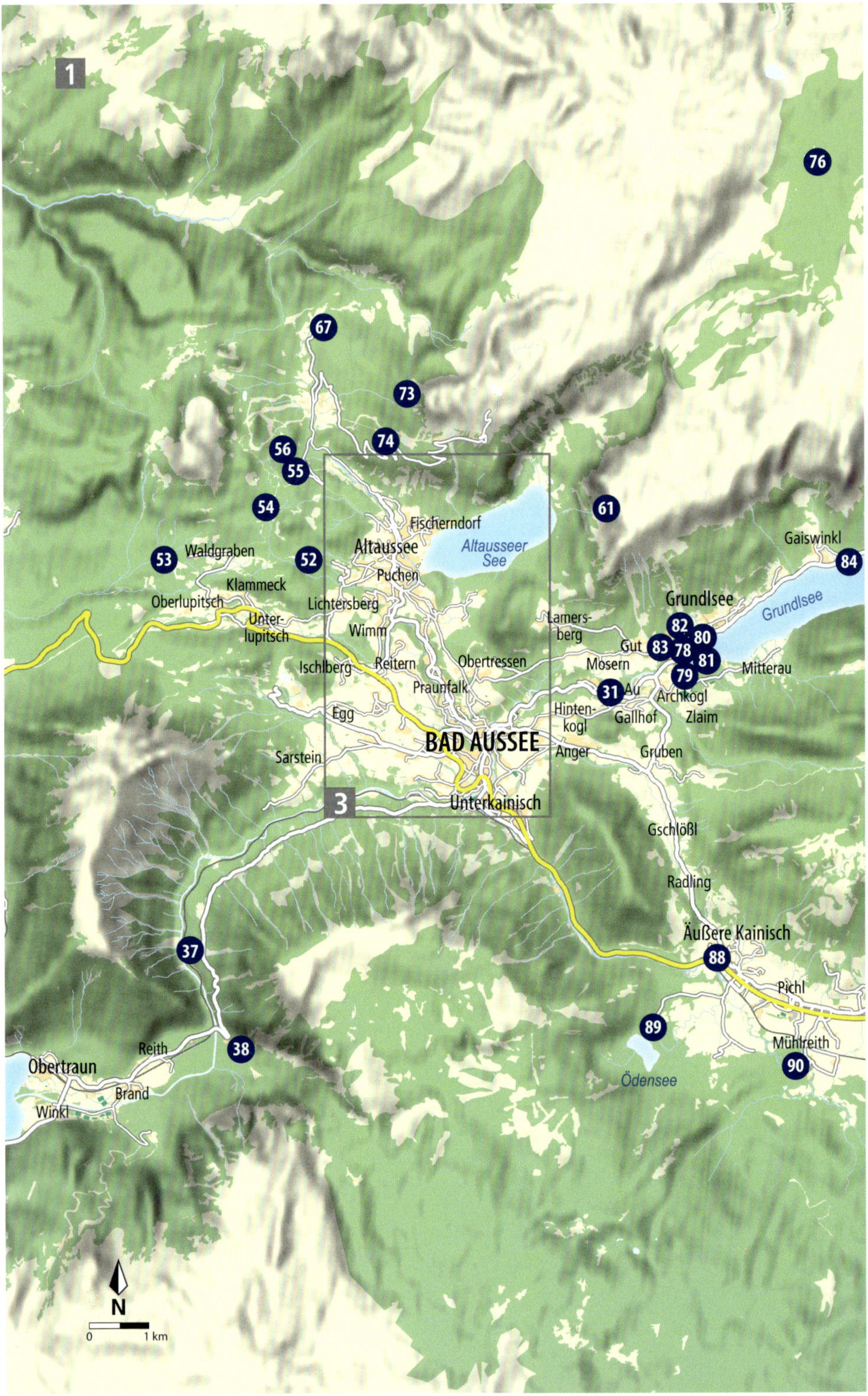

1
76
67
73
74
56
55
54
61
53
Waldgraben
52
Fischerndorf
Altaussee
Altausseer See
Gaiswinkl
84
Puchen
Klammeck
Oberlupitsch
Lichtersberg
Grundlsee
Grundlsee
Unter-lupitsch
Wimm
Lamers-berg
82
80
Gut
83
78
81
Ischlberg
Reitern
Obertressen
Mosern
Mitterau
79
Praunfalk
31
Au
Archkogl
Egg
Hinten-kogl
Gallhof
Zlaim
BAD AUSSEE
Sarstein
Anger
Gruben
3
Unterkainisch
Gschlößl
Radling
Äußere Kainisch
37
88
Pichl
89
Reith
38
Mühlreith
Obertraun
90
Ödensee
Brand
Winkl
N
0
1 km

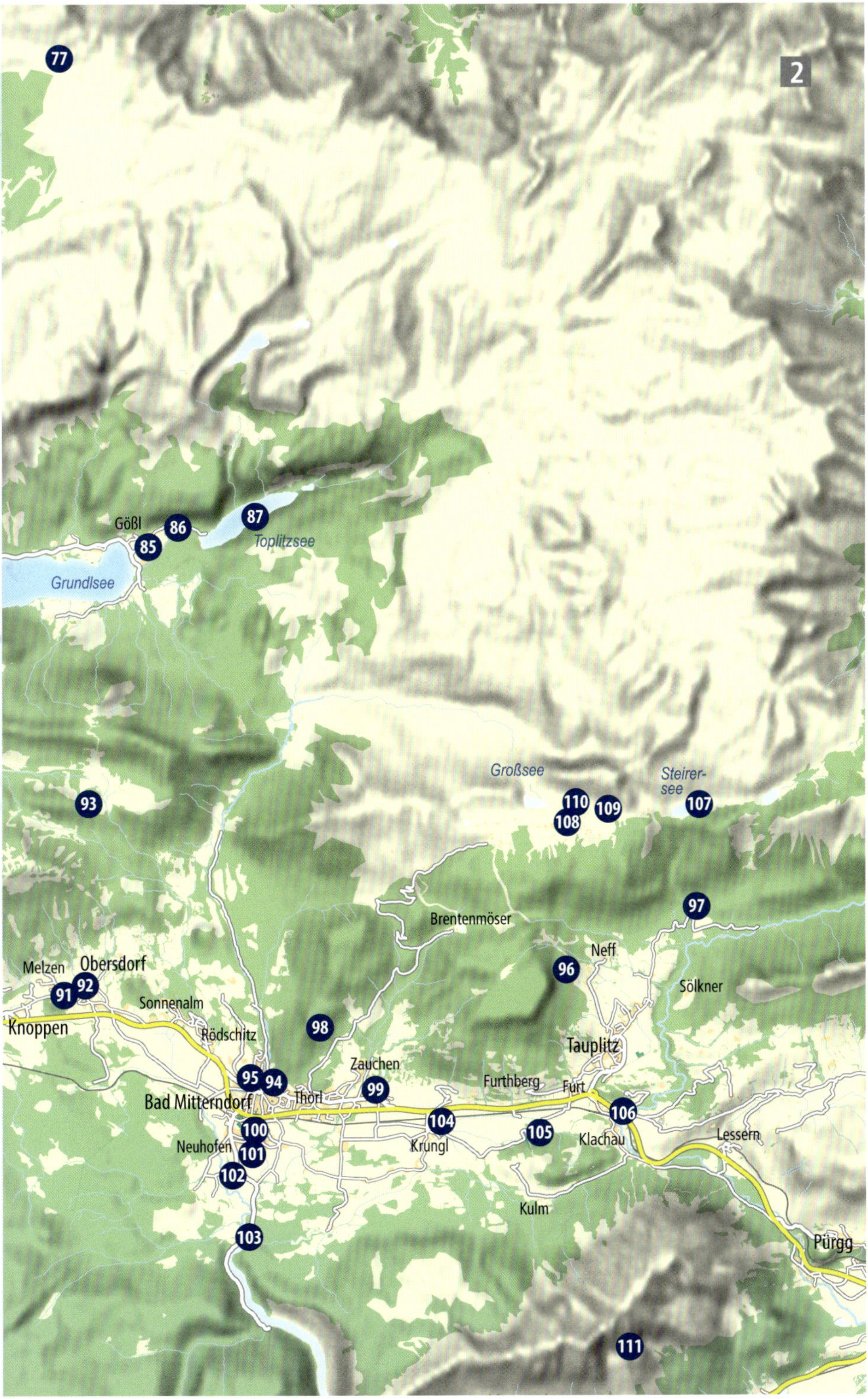

2
77
Gößl
86
87
85
Toplitzsee
Grundlsee
Großsee
Steirer-
see
110
109
107
108
93
97
Brentenmöser
Neff
96
Melzen
Obersdorf
92
91
Sölkner
Sonnenalm
Knoppen
Rödschitz
98
Tauplitz
Zauchen
95
94
Furthberg
Furt
Bad Mitterndorf
Thörl
99
104
106
100
105
Klachau
Lessern
Neuhofen
101
Krungl
102
Kulm
103
Pürgg
111

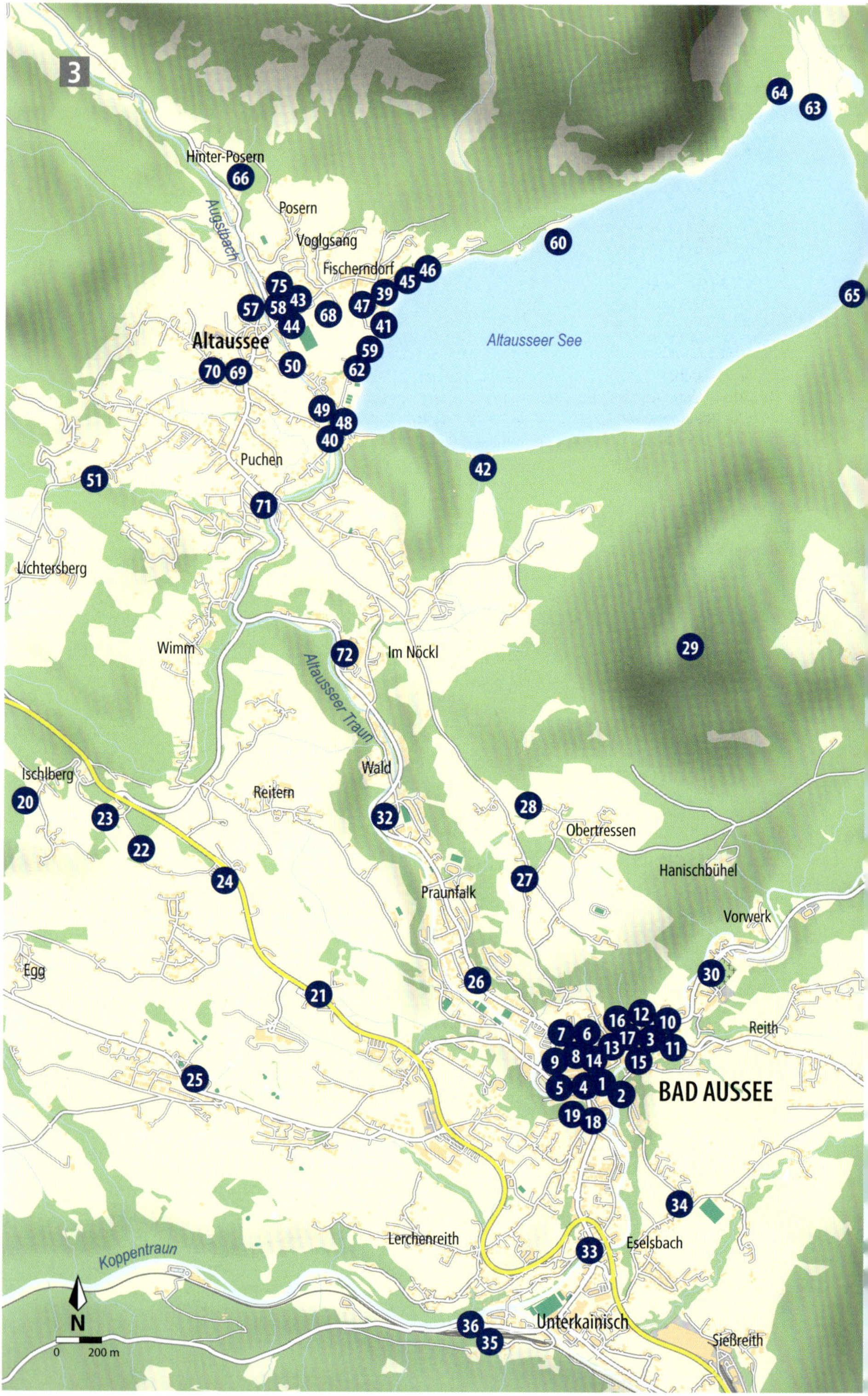
3
Hinter-Posern
Posern
Augstbach
Voglgsang
Fischerndorf
Altaussee
Altausseer See
Puchen
Lichtersberg
Wimm
Im Nöckl
Altausseer Traun
Ischlberg
Reitern
Wald
Obertressen
Hanischbühel
Praunfalk
Vorwerk
Egg
Reith
BAD AUSSEE
Lerchenreith
Eselsbach
Koppentraun
Unterkainisch
Sießreith
N
0
200 m

Sabine M. Gruber
111 Orte in den Wiener Alpen, die man gesehen haben muss
ISBN 978-3-7408-1213-3

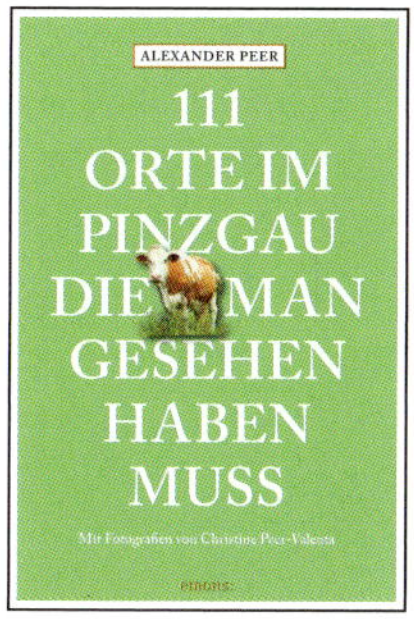

Alexander Peer
111 Orte im Pinzgau, die man gesehen haben muss
ISBN 978-3-7408-1199-0

Georg Renöckl
111 Orte im Mühlviertel, die man gesehen haben muss
ISBN 978-3-7408-1431-1

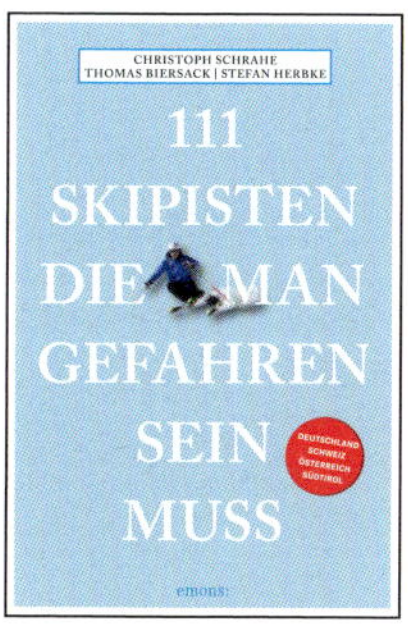

Christoph Schrahe,
Stefan Herbke, Thomas Biersack
111 Skipisten, die man gefahren sein muss
ISBN 978-3-7408-1600-1

Peter Eickhoff
111 Orte in Wien, die man gesehen haben muss
ISBN 978-3-7408-1521-9

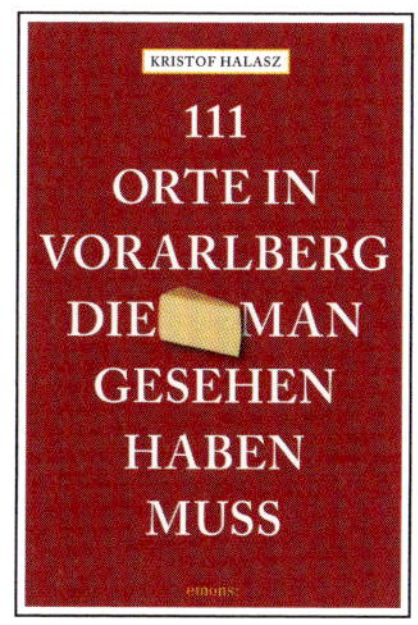

Kristof Halasz
111 Orte in Vorarlberg, die man gesehen haben muss
ISBN 978-3-7408-1570-7

Sophie Reyer
111 Wiener Orte und ihre Legenden
ISBN 978-3-7408-1533-2

Andrea Nagele
111 Orte in Klagenfurt und am Wörthersee, die man gesehen haben muss
ISBN 978-3-7408-1093-1

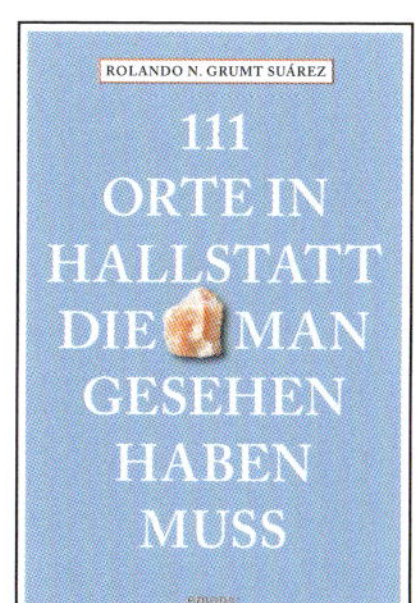

Rolando N. Grumt Suárez
111 Orte in Hallstatt, die man gesehen haben muss
ISBN 978-3-7408-0858-7

Franz Hlavac, Gisela Hopfmüller
111 Orte in Kärnten, die man gesehen haben muss
ISBN 978-3-7408-1077-1

Bernadette Németh
111 Orte rund um den Neusiedler See, die man gesehen haben muss
ISBN 978-3-7408-1078-8

Patricia Szilagyi
111 extreme Orte in Europa, die man gesehen haben muss
ISBN 978-3-7408-0863-1

Georg Renöckl
111 Orte im Mostviertel, die man gesehen haben muss
ISBN 978-3-7408-1074-0

Monika Schmitz
111 Orte im Lungau, die man gesehen haben muss
ISBN 978-3-7408-1309-3

Susanne Gurschler
111 Orte in Osttirol, die man gesehen haben muss
ISBN 978-3-7408-0847-1

Gerhard Hohlstein,
Günther Pfeifer,
Franziska Wohlmann-Pfeifer
111 Orte im Weinviertel, die man gesehen haben muss
ISBN 978-3-7408-0843-3

Sabine M. Gruber
111 Orte im Wienerwald, die man gesehen haben muss
ISBN 978-3-7408-0844-0

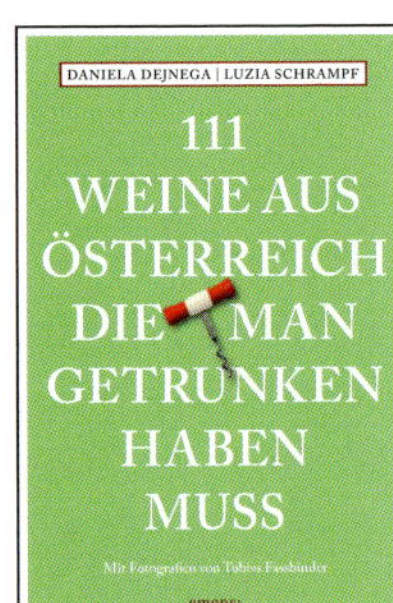

Daniela Dejnega, Luzia Schrampf
111 Weine aus Österreich, die man getrunken haben muss
ISBN 978-3-7408-0618-7

Johanna Uhrmann,
Erwin Uhrmann
111 Orte in der Wachau, die man gesehen haben muss
ISBN 978-3-7408-0565-4

Gerald Polzer, Stefan Spath
111 Orte in der Steiermark, die man gesehen haben muss
ISBN 978-3-7408-0140-3

Robert Preis
111 schaurige Orte in der Steiermark, die man gesehen haben muss
ISBN 978-3-7408-0445-9

Lisa Graf-Riemann,
Ottmar Neuburger
111 Orte im Berchtesgadener Land, die man gesehen haben muss
ISBN 978-3-89705-961-0

Gerald Polzer, Stefan Spath
111 Orte in Graz, die man gesehen haben muss
ISBN 978-3-95451-466-3

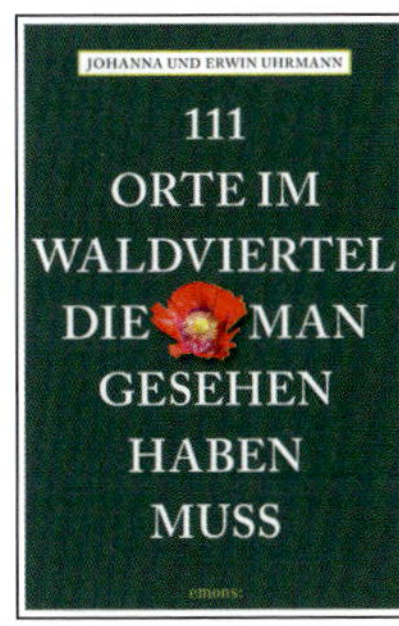

Johanna Uhrmann,
Erwin Uhrmann
111 Orte im Waldviertel, die man gesehen haben muss
ISBN 978-3-7408-0346-9

Susanne Gurschler
111 Orte in Innsbruck, die man gesehen haben muss
ISBN 978-3-7408-0343-8

Gerald Polzer, Stefan Spath
111 Orte in Oberösterreich, die man gesehen haben muss
ISBN 978-3-95451-857-9

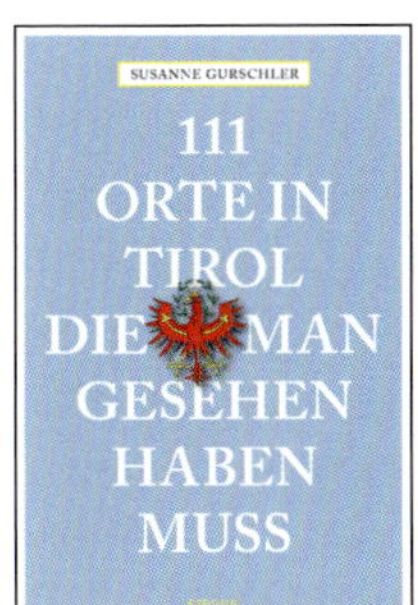

Susanne Gurschler
111 Orte in Tirol, die man gesehen haben muss
ISBN 978-3-95451-834-0

Lisa Graf-Riemann, Ottmar Neuburger
111 Orte vom Wilden Kaiser bis zum Dachstein, die man gesehen haben muss
ISBN 978-3-7408-0138-0

Astrid Süßmuth
111 Orte im Werdenfelser Land, die man gesehen haben muss
ISBN 978-3-7408-0118-2

Evelyn Pschak von Rebay
111 Mal sauguad essen in München
ISBN 978-3-7408-1354-3

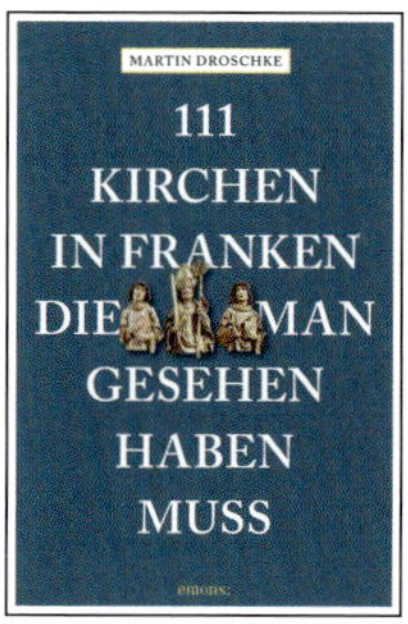

Martin Droschke
111 Kirchen in Franken, die man gesehen haben muss
ISBN 978-3-7408-1468-7

Christian Gehl
111 Badeplätze in und um München, die man kennen muss
ISBN 978-3-7408-1423-6

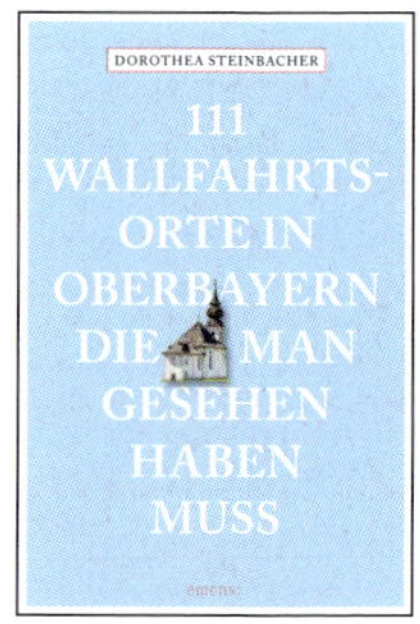

Dorothea Steinbacher
111 Wallfahrtsorte in Oberbayern, die man gesehen haben muss
ISBN 978-3-7408-1284-3

Reiner Vogel
111 Orte in Niederbayern, die man gesehen haben muss
ISBN 978-3-7408-1545-5

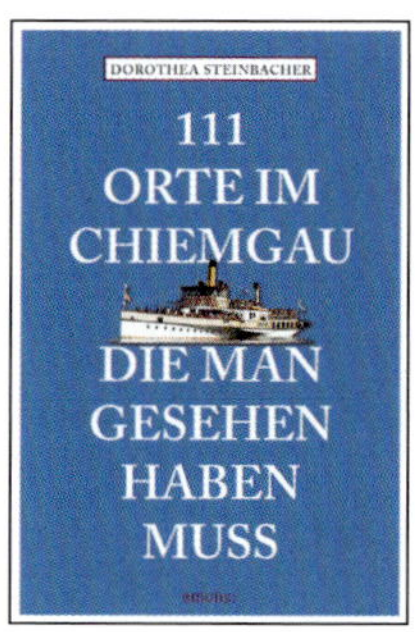

Dorothea Steinbacher
111 Orte im Chiemgau, die man gesehen haben muss
ISBN 978-3-7408-1160-4

Rüdiger Liedtke
111 Orte in München, die man gesehen haben muss, Band 1
ISBN 978-3-7408-1298-0

Walter M. Weiss, Jahrgang 1961, geboren und wohnhaft in Wien, ist dem Ausseerland seit Kindheitstagen intensiv verbunden. Bis heute verbringt er in dieser Zauberlandschaft alljährlich viele (Sommer-)Wochen. Sein eigentlicher Arbeitsschwerpunkt als freiberuflicher Autor, aber auch Fotograf und Studienreiseleiter gilt allerdings der islamischen Welt. Insgesamt umfasst seine Werkliste mehr als 100 Sach- und Reisebücher. Näheres unter www.wmweiss.com